Les mystères de Saint-Exupéry

DU MÊME AUTEUR

Le Fou de dieu, Héliogabale, roman, Olivier Orban, 1988.
L'Homme sans voix, roman, Stock, 1989.
L'Amphore, Casterman/Histoire, 1991.
Petite Mythologie du havane dans un monde trop fade, Balland, 1992. Nouvelle édition revue et corrigée, La Table Ronde, « La Petite Vermillon », 2003.
Le Roman-vrai de Libération, biographie, Julliard, 1994.
Cigare, le guide, Hermé, 1997.
Le Dernier des Césars, roman, J.-C. Lattès, 1999.
Le Rap français, anthologie, La Table Ronde, « La Petite Vermillon », 2000.
De Gaulle vu par les écrivains, anthologie, La Table Ronde, « La Petite Vermillon », 2000.
Nouvelle Vague, La Jeune Chanson française depuis 1981, anthologie, La Table Ronde, « La Petite Vermillon », 2002.
Le Ramier d'André Gide, édition et préface, Gallimard, 2002, et Folio, 2004.
Mylène Farmer, Au cœur du mythe, essai, Bartillat, 2003.
Le Goût du Népal, anthologie, Mercure de France, « Le Petit Mercure », 2004.
Dans les Comptoirs de l'Inde, carnets de voyage, Le Cherche Midi, 2004.
André Malraux et la tentation de l'Inde, textes et documents, Gallimard, 2004.
Le Goût des villes de l'Inde, anthologie, Mercure de France, « Le Petit Mercure », 2005.
Le Roman-vrai d'Indochine, biographie, Bartillat, 2005.
Le Chant des villes, en collaboration avec André Velter, anthologie, Mercure de France, « Le Petit Mercure », 2006.
Le Goût de l'Inde, anthologie, Mercure de France, « Le Petit Mercure », 2007.
Passage de la mère morte, récit, Stock, 2008.
Le Goût du Tibet, anthologie, Mercure de France, « Le Petit Mercure », 2008.
Alexandre le Grand, biographie, Hermann/Histoire, 2008.
L'Inde (sans les Anglais) précédé de *Mahé des Indes* de Pierre Loti, édition et préface, Phébus, « Libretto », 2008.
Catherine Gide : Entretiens 2002-2003, collectif, Gallimard, « Les Cahiers de la *NRF* », 2009.

Jean-Claude Perrier

Les mystères de Saint-Exupéry

Enquête littéraire

Stock

ISBN 978-2-234-06146-0

À Andrée Baranger qui restera pour toujours ma maîtresse du CE2, même si c'est bien plus tard qu'elle m'a fait découvrir *Le Petit Prince*.

« Car ce poète, un soir auprès du feu dans le désert, racontait simplement son arbre. »

Antoine de Saint-Exupéry, *Citadelle*, X

Préambule

Il y a des écrivains que, sitôt découverts, on aime d'emblée, et qui vous accompagnent toute une vie. Pour moi, ce furent Montaigne, Proust, Apollinaire, Gide, Malraux, Michaux, Jouve, Mandiargues... Et puis d'autres, que l'on rencontre plus tard, et qui, une fois entrés dans votre bibliothèque idéale, agrégés à votre panthéon personnel, ne vous importent pas moins. Saint-Exupéry, dans mon cas, appartient à ceux-là.

Je l'avais lu, certes, et aimé ses grands livres, *Pilote de guerre*, *Terre des hommes*, ou l'inclassable *Citadelle*. J'avais admiré cette hauteur de vues, cette altitude – dans tous les sens du terme –, cette morale du dépassement de soi, du sacrifice. Et cet exemple vécu d'une philosophie très humaine : l'homme est ce qu'il fait. Quant au *Petit Prince*, je ne sais pourquoi je ne l'avais pas lu enfant. Ce n'est que plus tard, presque adulte, que je l'ai découvert, grâce à Andrée, ma « vieille » maîtresse du cours élémentaire deuxième année. Stupéfaite, au cours d'une de nos discussions littéraires, que j'aie pu vivre jusque-là sans connaître ce livre qui était sans doute son favori entre tous, elle s'était empressée de me l'offrir. Lecture tardive, donc, mais c'est finalement une bonne chose : *Le Petit Prince*, même s'il est miraculeusement accessible à tous, et en dépit de sa dédicace « à Léon Werth quand il était petit garçon », n'est pas – ou n'est pas *seulement* –, un conte pour enfants.

*

Lorsque je faisais mes études, dans les années 70-80, Saint-Exupéry connaissait une rude « traversée du désert ». Après la guerre, l'écrivain-aviateur mort pour la France avait été quasiment « canonisé ». Phénomène dont sa biographe américaine, Stacy de La Bruyère, rend joliment compte en l'appelant « Saint Antoine d'Exupéry »[1]*. Tandis que sa famille veillait scrupuleusement sur son œuvre et sa mémoire, que ses premiers biographes amorçaient un travail de mythification, la publication en 1948 de *Citadelle*, considéré comme son testament spirituel et devenu « un must dans certains cercles spiritualistes[2] », des recherches (restées vaines à

* Les notes se trouvent en fin de volume.

l'époque) pour retrouver l'épave de son avion, voire sa dépouille, le rendaient omniprésent dans l'actualité. Au risque d'énerver.

En réaction, une certaine critique universitaire dominante, qui ne jurait que par la psychanalyse, le matérialisme, le Nouveau Roman et le structuralisme, au mieux snobait Saint-Exupéry, au pire le crétinisait, le présentant comme un auteur ringard, dont l'œuvre véhiculait des valeurs « dépassées » : humanisme, célébration du dépassement de soi, de l'héroïsme et du sacrifice, foi en l'homme voire en Dieu... À la trappe !

Heureusement, la roue a tourné, surtout depuis une vingtaine d'années. Les ayatollahs de la « nouvelle critique » sont morts ou tombés dans l'oubli, leurs théories ont fait long feu, même si elles ont complexé, inhibé durant trop longtemps bien des écrivains. Et Saint-Exupéry, que le grand public, plus lucide que les soi-disant élites, n'avait jamais renié, a retrouvé toute sa dimension. Celle d'un des plus grands écrivains du siècle dernier, auteur d'une œuvre à la fois actuelle et parmi les plus porteuses de valeurs et d'idées pour l'avenir.

*

Et puis il y a l'homme Saint-Exupéry, qui me touchait profondément. Sa tendresse, son humour, sa maladresse, ces « ailes de géant » – comme disait

Baudelaire, l'un de ses poètes préférés –, qui l'empêchaient d'être à l'aise au sol. Envers et contre tous, il n'eut de cesse de s'échapper, de voler. Parce que piloter un avion, pour lui, c'était s'affranchir de toutes les contingences matérielles les plus pesantes, retrouver l'insouciance de l'enfance, une forme de liberté absolue, unique, et qui valait la peine que l'on risque sa vie pour elle.

Sa trajectoire terrestre fut brève, quarante-quatre ans, mais si riche, si intense. Il est des êtres qui rayonnent d'une aura surnaturelle, magique, que ne distinguent que les plus attentifs de ceux qui ont la chance de les coudoyer. Saint-Exupéry, à l'évidence, était de ceux-là, une espèce d'extraterrestre, comme son Petit Prince. J'ignorais qu'un jour il me deviendrait si proche...

*

Le déclic s'opéra grâce à des travaux journalistiques : d'abord une collaboration à un hors-série du *Figaro*, paru en 2004. Et puis, à l'été 2007, un grand feuilleton « à l'ancienne » dans *Le Figaro littéraire*.

L'idée était née au cours d'une conversation avec Olivier d'Agay, petit-neveu de Saint-Ex et directeur de la Succession Saint-Exupéry-d'Agay. Nous avions déjà travaillé ensemble dans un climat de réelle confiance, ce qui ne va pas forcément de soi avec les héritiers des écrivains, parfois méfiants envers les journalistes. Aussi, lorsqu'il m'annonça qu'un chercheur venait de retrouver le tapuscrit de *Manon, danseuse*, roman de jeunesse de Saint-Exupéry resté totalement inédit depuis plus de quatre-vingts ans, et que Gallimard allait le publier à la fin de cette même année 2007 en compagnie d'autres inédits (essentiellement des lettres), je manifestai plus que de l'intérêt ! Existait-il d'autres inédits : des manuscrits, des dessins, des correspondances, des photos jamais lus, vus, montrés ? La réponse fut positive, et même étonnante : « Il est assez fréquent, m'expliqua Olivier d'Agay, que l'on retrouve chez des collectionneurs en France ou à l'étranger, ou que l'on voie passer en vente publique, du Saint-Exupéry. » C'est même l'une des activités principales de la Succession que d'identifier ces documents, de les authentifier, de tenter de les acquérir, ou d'y avoir accès afin, plus tard, de les mettre à la disposition des chercheurs et/ou de les publier.

Le projet, déjà, se dessinait. À la lumière de témoignages, documents, manuscrits, lettres ou photos inédits ou rares, je souhaitais aborder quelques aspects de la vie et de l'œuvre de Saint-Exupéry (encore plus indissolublement liés chez lui que chez d'autres écrivains) demeurant particulièrement obscurs : par exemple, la rupture de ses fiançailles avec Louise de Vilmorin, l'échec de ses projets cinématographiques, ses rapports compliqués, durant la guerre, avec de Gaulle et les gaullistes, ou encore le processus de gestation du *Petit Prince*, plus long et moins simple qu'on ne l'expose en général. Ces zones d'ombre m'avaient été signalées par des spécialistes, dont Frédéric d'Agay, le frère aîné d'Olivier, qui a dirigé la Succession avant son cadet, et fait progresser la connaissance de Saint-Exupéry grâce à quelques publications majeures[3].

Le feuilleton parut donc durant tout l'été 2007, en sept épisodes plus un huitième que nous avions dû ajouter : un lecteur m'avait spontanément fait parvenir un poème que Saint-Exupéry avait offert à son père en 1917, manuscrit autographe et inédit !

La ferveur des lecteurs, l'abondant courrier que nous reçûmes à la rédaction éclairant ou discutant tel ou tel sujet, témoignèrent de l'intérêt considérable, des passions que l'écrivain-aviateur suscite toujours, soixante-cinq ans après sa mort.

Naturellement, même dans les pleines pages d'un quotidien encore grand format à l'époque, je n'avais pu utiliser toute la matière rassemblée. Et bien d'autres documents, témoignages et textes sont apparus depuis. Il fallait donc reprendre et approfondir ce travail, suivant la même démarche : privilégier au maximum des sources inédites afin d'apporter des éclairages nouveaux sur le parcours de Saint-Exupéry, quitte à bousculer quelques idées reçues : par exemple sur ses relations avec les femmes, ses idées politiques, ou son héritage…

*

Le paradoxe, chez Saint-Exupéry, c'est qu'il est aussi illustre que mystérieux. Mais la chance des chercheurs, c'est que de nouvelles pièces du puzzle sortent régulièrement du secret. Parfois de façon miraculeuse. J'ai tenté de les assembler ici, comme un archéologue reconstituant une mosaïque antique.

Et c'est bien d'archéologie littéraire qu'il s'agit. Chaque témoignage, chaque texte nouveau, chaque relecture de manuscrit constitue une tesselle de plus, qui bouche un trou, affine le portrait, entraîne d'autres trouvailles.

*

Ni biographie, même si l'on suit étape après étape le parcours terrestre de Saint-Exupéry, ni essai, même si l'auteur ose quelques idées et déductions personnelles sur son sujet, forgées au fil de ses recherches, ce livre est une enquête sur un homme aussi tourmenté qu'attachant. Un poète dont l'œuvre illumine un peu notre malheureuse planète. Et sans doute le plus universel de tous les écrivains français modernes grâce à son *Petit Prince*, le livre le plus vendu au monde après la Bible et le seul héros cité aux funérailles de Michael Jackson !

Chemin faisant, le déroulement de l'enquête nous réserve bien des surprises, et c'est un drôle de mouton qui se dessine sous nos yeux.

I

Olivier et Frédéric d'Agay m'avaient ouvert les portes de la Succession Saint-Exupéry-d'Agay, et de l'Espace Saint-Exupéry, avec leurs bibliothèques, leurs archives, leurs collections. Leurs collaborateurs également, comme Delphine Lacroix, chercheuse experte et enthousiaste. Ils m'avaient indiqué un certain nombre de pistes pour mon enquête. Donné les noms de personnes intéressantes à rencontrer.

Comme Gérard Egnell, dans son bel appartement de la Nouvelle Athènes. Bibliophile, collectionneur, venu à Saint-Exupéry pour des raisons personnelles et douloureuses, il est devenu un excellent connaisseur de la vie et de l'œuvre de l'aviateur-écrivain, dont il dit « C'est un maître de la petite forme. » Il m'a montré des manuscrits, des lettres et quelques livres rares, dont un *Pilote de guerre*, l'un des deux mille exemplaires imprimés par Gallimard en novembre 1942, avant l'interdiction du livre par les autorités de Vichy.

Ou encore cette exquise comtesse Bouët-Willaumez, que je suis allé visiter dans sa jolie maison d'une banlieue parisienne chic. Au jardin, le catalpa était en fleur, la vigne avait besoin d'être taillée. Au mur du salon, quatre magnifiques dessins de Saint-Exupéry [1], exécutés à New York, en 1943, pour le comte René Bouët-Willaumez et à lui dédicacés. « RBW », comme l'appelle Saint-Ex, était un célèbre illustrateur de mode, qui travaillait notamment pour *Vogue*. Les deux hommes s'étaient connus, en 1942, chez leur ami commun le peintre Bernard Lamotte (que l'on retrouvera plus loin dans cette histoire). Ils avaient sympathisé. Et l'écrivain-dessinateur avait offert à René ces portraits d'homme croqués de trois quarts, à la plume et à l'aquarelle. Hélas, le comte est mort depuis. Et la comtesse, bien plus jeune que son mari épousé après la guerre, n'a pas connu Saint-Exupéry.

Les d'Agay m'avaient également indiqué quelques gisements institutionnels de manuscrits de Saint-Exupéry, comme les Archives nationales. C'est là que Simone, deuxième sœur d'Antoine, a déposé ses archives et celles de leur mère Marie. Qui comprennent en particulier des lettres et des poèmes. Certains inédits, d'autres déjà publiés dans le tome I des *Œuvres complètes* de Saint-Exupéry [2]. Peu importe :

la consultation directe des manuscrits réserve parfois de jolies satisfactions archéologiques.

Ainsi, dans le poème intitulé *La Lune*, à la cinquième strophe, les éditeurs de la Pléiade ont indiqué deux mots « illisibles », aux vers deux et quatre. Une habitude de l'écriture de Saint-Exupéry, assez lisible dans sa jeunesse alors qu'elle le deviendra de moins en moins au fil des années, m'a permis de les rétablir : la jeune fille s'endort « au fond des nues », et « joue avec les tritons toute nue ». Le poème retrouve tout son sens, gentiment coquin. De même, à la strophe deux, les « autres » ne peuvent qu'aller « au club », pour rimer (approximativement) avec « job ».

Alors que les feuilletons de la série avaient commencé de paraître dans *Le Figaro*, je connus une première divine surprise. Le journal avait reçu un fax d'un M. Yves Grisez, signalant que son père Jean avait été « un ami d'enfance d'Antoine », à Fribourg (Suisse) en 1916-1917, et qu'il avait encore en sa possession le poème inédit offert et dédicacé par l'écrivain en herbe à son ami, daté du 18 février 1917. Je rencontrai Yves Grisez, qui avait raconté l'amitié entre Saint-Exupéry et son père en 2006 dans un article pour la revue régionale *La Vôge*[3] et il nous accorda spontanément l'autorisation de publier le texte du poème. Hélas, la correspondance qu'échangèrent jusqu'à la guerre de 39 Saint-

Exupéry et Jean Grisez a été détruite quelques années avant sa mort par ce dernier, qui l'estimait « très personnelle [4] »...

*

Je n'eus, en revanche, pas le même succès « du côté de Consuelo ». La veuve de Saint-Exupéry, morte en 1979 sans enfants, a légué son héritage à M. José Martinez-Fructuoso, qui veillait sur elle depuis de nombreuses années. Cela fait des lustres également que les rapports entre l'ayant droit de Consuelo et la famille de Tonio sont tendus. Or José Martinez possède tous les papiers, manuscrits, dessins, lettres, objets ayant appartenu à Consuelo, parmi lesquels ceux que Saint-Exupéry avait laissés à New York à son départ pour la guerre, au printemps 1943. Un véritable trésor, dont on ne connaît que très partiellement le contenu, et qui ne peut être dévoilé qu'avec l'accord des deux parties. Au *Figaro*, nous pensions que notre terrain, neutre, pouvait offrir à ces gens une occasion de rapprochement et de dialogue, et nous fantasmions déjà sur les inédits que nous allions découvrir !

J'ai donc contacté José Martinez au printemps 2007, par téléphone, lui expliquant mon projet. Il s'est montré tout à fait aimable, et a accepté un rendez-vous. C'était un soir, à La Rhumerie du boulevard Saint-Germain, que j'avais choisie pour son *mojito*, en hommage aux origines latino de mon hôte et de Consuelo… J'ignore s'il y fut sensible. Mais j'eus l'impression de subir un examen de passage – logique : cet homme doit être fort sollicité depuis trente ans. Et de ne pas m'en être trop mal tiré. Je l'avais écouté patiemment dévider tout l'écheveau de griefs qu'il nourrit contre la famille de Saint-Exupéry, laquelle aurait été méchante à l'égard de Consuelo, l'aurait méprisée et spoliée. Se plaindre aussi du droit moral, qui l'empêche de publier comme il l'entendrait les textes de l'écrivain, les dessins du dessinateur et les lettres qu'il a reçues. Dont il m'a confirmé l'existence, me citant même quelques illustres correspondants, dont Gide et Camus.

Au moment de nous séparer, M. Martinez ne m'avait rien promis. Moi, je lui avais demandé son aide, m'engageant à lui envoyer le sommaire des épisodes prévus. Ce que je fis illico. Non sans lui signaler que, à l'évidence, nous étions tout à fait ouverts à ses remarques et suggestions. Et je n'ai plus jamais reçu de ses nouvelles ! En dépit de nombreux rappels téléphoniques (mon correspondant était toujours sur messagerie), de courriers adressés chez lui à Grasse – là où vécut et mourut Consuelo –, de propositions répétées de venir le voir sur la Côte si besoin était, rien, *nada*. Je n'ai sans doute pas su gagner sa confiance… C'était une belle occasion manquée, mais un journaliste-archéologue ne se décourage pas si facilement, et mon enquête m'apporterait bien d'autres rencontres et trouvailles « consolatrices ».

Un poète saturnien

Antoine Jean-Baptiste Marie Roger de Saint-Exupéry, né à Lyon le 29 juin 1900, était le troisième enfant issu de l'union de Jean de Saint-Exupéry (1863-1904) avec Marie de Fonscolombe (1875-1972). Avant lui étaient nées Marie-Madeleine, surnommée Biche ou Mima (1897-1927), et Simone, dite Monot (1898-1978). Après lui naîtront François (1902-1917) et Gabrielle, dite Didi ou Diche (1903-1986). Cette dernière se mariera en 1923 avec Pierre d'Agay, et aura cinq enfants également.

Après la mort de Jean, la vie de la famille se partage entre l'appartement du 3, place Bellecour, à Lyon, et le château de Saint-Maurice-de-Rémens, dans l'Ain, qui appartient à une tante, Mme de Tricaud. À sa mort, en 1919, cette dernière léguera le domaine à Marie de Saint-Exupéry, laquelle devra le vendre en 1932, avant d'aller s'installer à Cabris,

Alpes-Maritimes, dans l'arrière-pays cannois, derrière Grasse, où elle vivra jusqu'à l'âge de quatre-vingt-dix-sept ans. Pour Antoine, Saint-Maurice demeurera à jamais le paradis d'une enfance enchanteresse. Un monde perdu, aboli, dont il conservera toute sa vie la nostalgie incurable. À Saint-Maurice, la fratrie, rassemblée autour de Marie, divinité tutélaire et rempart contre les agressions de l'extérieur, s'adonne aux plaisirs de son âge : jeux, devinettes, magie, domaines où Antoine excelle très jeune. Mais, plus sérieusement, tout ce petit monde cultive ses dons artistiques : musique, dessin, poésie. Comme cela se faisait, en ce temps-là, dans nombre de familles du même milieu que les Saint-Exupéry. Marie elle-même taquine la Muse. Elle publiera des *Poèmes* en 1956, des *Souvenirs* en 1969, et encore un recueil mêlant poèmes et souvenirs, *J'écoute chanter mon arbre*, en 1971. Logique, donc, que les premiers pas littéraires d'Antoine soient poétiques. Mais l'on verra que ce n'était pas dans son cas un passage obligatoire juvénile. La poésie, pour Saint-Exupéry, c'est plutôt l'essentiel.

*

La première trace de ses débuts littéraires remonte à 1912. Trois vers conservés d'un poème témoignant, déjà, de sa passion pour l'aviation :

Les ailes frémissaient sous le souffle du soir
Le moteur de son chant berçait l'âme endormie
Le soleil nous frôlait de sa couleur pâlie... [5].

Antoine a douze ans et vient de vivre fin juillet son baptême de l'air sur le tout nouvel aérodrome d'Ambérieu-en-Bugey, dans l'Ain, à quelques kilomètres du château de Saint-Maurice-de-Rémens, où la famille passe ses vacances. Son initiateur est le pilote Gabriel Wroblewski-Salvez. Comme nombre d'adolescents, écrivains en herbe ou non, il va poursuivre dans la veine poétique, notamment pendant la guerre de 1914-1918, avec des textes inspirés par l'actualité. Ainsi le très rimbaldien *Printemps de guerre* :

[...] *Parfois confusément sous un rayon lunaire,*
Un soldat se détache incliné sur l'eau claire ;
Il rêve à son amour, il rêve à ses vingt ans !

L'air pur frémit soudain d'une balle perdue,
Un râle va troubler le murmure des vents...
Ô, pourquoi sur des fleurs faut-il que l'on se tue [6].

Il caricature aussi « *Quelques profils de boches* » avec leurs casques à pointe, dont François-Joseph et le Kronprinz comparés à Attila...

Dès la déclaration de guerre, Marie de Saint-Exupéry, femme dotée d'une énergie exceptionnelle, décide de créer en gare d'Ambérieu une infirmerie militaire. Ses deux fils, Antoine et François, son cadet de deux ans, sont placés comme pensionnaires au collège jésuite de Notre-Dame-de-Mongré, à Villefranche-sur-Saône, où ils ne se plaisent pas. Après un bref passage au Mans, leur mère les envoie, en 1915, pensionnaires toujours, au collège marianiste de la villa Saint-Jean à Fribourg, en Suisse. C'est un établissement confortable, aux méthodes pédagogiques novatrices, qui entretient d'étroites relations avec le collège Stanislas, à Paris. La clientèle y est plutôt huppée.

Les deux frères Saint-Exupéry y demeureront jusqu'en 1917. Antoine, qui ne brille pourtant pas par ses résultats scolaires, y obtiendra ses deux bacs, en 1916 et 1917. C'est aussi à la villa Saint-Jean que mourra François de Saint-Exupéry, le 10 juillet 1917, de rhumatismes articulaires. Antoine, en octobre, « montera » à Paris pour préparer l'École navale. À Fribourg, l'école n'est pas désagréable, la guerre lointaine, et Antoine noue de solides amitiés avec des garçons qui s'appellent Charles Salles, Louis de Bonnevie, Marc Sabran. Ou encore Jean Grisez.

Ils ont le même âge. Jean est le fils d'un brasseur de Lachapelle-sous-Rougemont, près de Belfort, qui a décidé de le mettre à l'abri de l'invasion allemande, en Suisse donc, juste avant de mourir subitement, en décembre 1915. Leur situation d'orphelins rapproche sans doute un peu plus les deux adolescents.

Antoine, s'il ne travaille guère en classe, lit beaucoup (Balzac, Baudelaire, Dostoïevski...), et continue de composer des poèmes, aux tonalités souvent élégiaques, en résonance avec l'état de leurs âmes, leur solitude, l'époque où ils vivent, et aussi la nature suisse, bien austère en hiver.

C'est ainsi que, le 18 février 1917, Antoine écrit et offre à son ami Jean ce sonnet mélancolique et automnal, resté inédit depuis :

Villa Saint-Jean Fribourg, le 18-2-17
À J(ean) Grisez, son ami
De Saint-Exupéry

L'étang semble dormir, pas un roseau ne chante
Les saules consternés se taisent sur le bord ;
Pleurant ce qui leur fit souvent risquer la mort
De fragiles iris penchent vers l'eau pesante...

Car le dieu qui rendait la campagne vivante,
Le vent n'est plus ici pour l'animer encor,
Pour dire aux oisillons de prendre leur essor
Ou plisser l'étang bleu d'une vague mourante...

Mais les arbres pensifs attendent son retour.
Et nous sommes ainsi quand, n'ayant plus d'amour,
L'orage étant passé, rien chez nous ne frissonne,

Que réclamant ce qui nous fit pourtant souffrir
Notre cœur est muet, vide, triste à mourir
Ô mon ami... comme un paysage d'automne[7] *!*

Un poème fortement influencé par le Parnasse, que Saint-Exupéry appréciait beaucoup à l'époque. Avec des sonorités verlainiennes, et des réminiscences de son cher Baudelaire. Auquel il consacrera une *Note*, inédite elle aussi, et plutôt obscure :

Baudelaire : rédemption. [...]

Baudelaire, l'horloge à jamais... jamais... Guillotine. Mais n'importe qui qui fasse espérer le salut. Le salut, c'est le retour. Le tragique, c'est qu'il ne voit point de chemin pour revenir.

D'abord l'existence du chemin. Même si on ne le trouve pas.

Baudelaire : la tache indélébile *du mal. Mais il n'est point de femme* [forme[8] ?] *morte. La femme* [*la* forme ?] *ne peut mourir. Doit changer en poème pour le sauver*[9].

En 1941, l'écrivain confiera : « Je vénérais Baudelaire, et je dois avouer à ma honte que j'ai appris par cœur tout Leconte de Lisle et tout Hérédia ainsi que Mallarmé. »

L'étang semble dormir nous est parvenu de façon miraculeuse. Fidèle en amitié, Saint-Exupéry prolongera ses relations avec Jean Grisez jusqu'à la guerre suivante, et son départ pour les États-Unis. Ils se sont écrit. Et même retrouvés une ultime fois, en 1938, vraisemblablement en juillet. À Lachapelle, là où Grisez avait repris la direction de la brasserie familiale. La veille, Saint-Exupéry lui avait téléphoné, depuis Strasbourg. Comme à son habitude, il viendrait dans son avion personnel, qu'il pilotait lui-même, se poserait sur le petit aérodrome voisin de Chaux, puis se ferait conduire à destination en voiture.

Retrouvailles, déjeuner rapide avec évocation de souvenirs de jeunesse, visite de l'usine : en tout, trois heures sur place, avant de regagner Le Bourget puis Paris. Quelque temps après, Antoine faisait parvenir à Jean une photo aérienne, prise par ses soins, de sa brasserie. Ils ne se reverront plus. Et Jean Grisez ne confiera que sur le tard, à son plus jeune fils Yves, quelques éléments de témoignage à propos de son illustre ami, devenu un grand écrivain avant de disparaître tragiquement.

À propos de leur correspondance, Grisez se souvient qu'elle portait « sur tous les sujets, mais les questions philosophiques étaient peut-être prépondérantes, car Antoine était un être tourmenté. D'ailleurs, il excellait aussi bien dans la prose que dans les différentes formes de vers [10] ». L'écrivain aurait aussi consulté à plusieurs reprises son ancien condisciple, qui, n'appartenant en rien au milieu littéraire parisien, lui offrait ainsi l'assurance de la sincérité et de l'objectivité, sur tel ou tel chapitre de certains livres qu'il avait en chantier. Mais, hélas, quelques années avant sa mort, Jean Grisez (décédé en 1970) a décidé de détruire la « bonne trentaine de lettres » qu'il avait reçues de Saint-Exupéry. « Cette correspondance était très personnelle et elle correspondait à une époque qui pour moi est révolue [11] », expliquera-t-il, s'étonnant même qu'on puisse lui reprocher son extrême discrétion...

*

Contrairement à de nombreux autres écrivains, la poésie ne fut pas pour Saint-Exupéry la compagne de sa seule jeunesse, qu'il aurait ensuite délaissée pour passer définitivement à la prose, dès le milieu des années 20. Son premier texte publié est en effet une nouvelle, *L'Aviateur*, fragment d'un texte perdu qui s'intitulait *L'Évasion de Jacques Bernis*, paru le 1er avril 1926 dans *Le Navire d'argent*, la revue littéraire d'Adrienne Monnier, dont son ami Jean Prévost était secrétaire de rédaction. *L'Aviateur* peut être considéré comme la matrice de *Courrier Sud* (son premier livre, sorti en 1929 chez Gallimard).

En 1921, par exemple, Antoine de Saint-Exupéry déploya une intense activité poétique, peut-être parce qu'il traversait l'un des nombreux épisodes difficiles de sa (courte) vie. Après avoir été collé à l'oral de l'École navale, puis raté le concours de l'École centrale, il a vaguement suivi en tant qu'auditeur libre des cours à l'École des beaux-arts, section architecture. Il se retrouve sans diplôme, sans emploi, sans perspective d'avenir... Hormis sa passion pour l'aviation, son désir viscéral de devenir pilote, de voler, rien ne le requiert vraiment. C'est le service militaire qui va le tirer de cette période d'angoisse et de vache enragée. D'abord incorporé à Strasbourg comme mécanicien au 2e régiment d'aviation, il prépare son brevet en prenant à ses frais des leçons de pilotage et subit son premier accident, seul aux commandes de l'avion-école : un atterrissage en catastrophe et le début d'une longue série ! Il se voit ensuite muté à Casablanca, au 37e régiment d'aviation. Il y restera à peine six mois, à s'ennuyer en dépit de la présence de quelques amis (dont Marc Sabran, retrouvé par hasard), et à écrire des poèmes romantiques, dont certains sans doute inspirés par son amour naissant pour Louise de Vilmorin, « Loulou », rencontrée en 1920, soit peu avant son départ pour l'armée. Comme le très lamartinien *À mon amie*, marqué *Casablanca-novembre* :

Je me souviens de toi vaguement, sans espoir,
Comme ces paysans débarqués à cent lieues
Du pays, sur un sol brûlé, rêvent le soir
Aux grappes de toits roux de leurs collines bleues

Je me souviens de toi comme d'un foyer clair
Près de qui j'ai vécu des heures, sans rien dire
Pareil aux vieux chasseurs fatigués du grand air
Qui tisonnent tandis que leur vieux chien respire

Je remuai la braise au fond de tes yeux noirs
Distraitement, afin que ta passion couve
Et qu'aux heures de spleen où l'âme se sent choir
Muette mais le cœur brûlant je te retrouve

À quoi bon ! Tu n'es plus qu'un pâle souvenir,
Un profil qu'on oublie, un vague paysage
Très cher, très doux, où l'on eût aimé revenir
N'était la vie – et l'exigence du voyage...

Pourtant quand l'ombre traîne aux confins
[bleus du jour
Qu'un soir de plus en vain j'ai tendu
[mes bras vides,
La tête dans ces mains que vont marquer
[des rides
Je me souviens de toi comme
[d'un grand amour[12]*...*

Est-ce de la même période que date encore *La Lune*[13], et son inspiration farfelue, qui rappelle les contes de jeunesse d'André Malraux, *Lunes en papier* (1921), et *Royaume farfelu* (1928), des « contes étranges au langage personnel, selon sa seconde épouse Madeleine Malraux, histoires et univers fantastiques, dont la liberté et l'imaginaire rejoignent l'esprit du surréalisme[14] » :

Il est minuit – je me promène
Et j'hésite scandalisé

Quel est ce pâle chimpanzé
Qui danse dans cette fontaine ?

À l'heure où d'autres vont au club
Quel est donc ce reflet baroque
Je devine... je... suffoque
C'est la lune qui prend son job

La lune qui se désaltère
Espiègle aux grands jets d'eau moqueurs
Lasse des étoiles ses sœurs
Et du protocole stellaire

Dans ce bassin divinisé
Au mépris des gens maussades
Elle épuise de ses baisers
L'eau ruisselante des cascades

Lasse des vers de mirlitons
Qui l'endorment au fond des nues
Elle joue avec les tritons
Sans penser à mal – toute nue

Pas de gaze, pas de halo
Oh l'incorrecte jeune fille...
[...]
Mais nerveuse comme une anguille
La lune frétille, frétille
La lune frétille dans l'eau...

Et voici comment le jeune Malraux décrit l'astre, dans *Lunes de papier* : « Ainsi qu'une annonce lumineuse, la lune jaune se colora successivement en rouge, en bleu et en vert ; puis, ding ! elle fut jaune à nouveau. Une note aiguë en tomba, comme une petite grenouille, et, sur le lac, les perspectives nacrées des jeux d'eaux devinrent infinies[15]. »

Exactement contemporains (l'auteur de *La Condition humaine* est né en 1901), Saint-Exupéry et Malraux se lieront un peu plus tard. Ils avaient un certain nombre de points communs : orphelins tous deux, autodidactes, passionnés d'aventure et d'aviation, publiés tout jeunes à la *NRF*. Ils étaient des amis et des protégés d'André Gide. On retrouvera bientôt André Malraux dans notre histoire…

Mais il se peut aussi, ainsi que l'avancent certains spécialistes, que *La Lune* date plutôt de 1925, comme la très belle suite intitulée *L'Adieu…* Difficile de statuer, dans la mesure où la plupart des manuscrits de Saint-Exupéry ne sont pas datés. Il a sans doute écrit d'autres poèmes, qui se sont perdus, provisoirement on l'espère. Ainsi un « cahier de poésies » que Saint-Ex avait offert à son ami Jean Doat, mais qui a été égaré en 1939, à la mort de ce « copain de Casablanca ». On sait encore que Saint-Exupéry cultiva sa Muse en 1930. Dans la bibliothèque d'un autre de ses amis, Paul Dony, il avait trouvé des sonnets de poètes bien oubliés du XIXe siècle, comme Edmond Picard ou

Henri Rouger. Et s'en était inspiré pour composer des « remakes » de son cru. Ainsi *L'Abîme* de Rouger, exercice de style glacé et impersonnel, sert-il de modèle à un autre « abîme » vu par Saint-Exupéry, complètement halluciné et morbide :

Ville heureuse, quelle menace au creux des ports.
Je balance, amarrée à l'anneau qui se ronge.
Grâce à moi tes enfants captifs forment des songes
Infidèles : je suis une barque qui dort.

Je hais leur bonheur simple et pareil à la mort.
Je nouerai leurs bras frais à la rampe qui plonge
Et parmi le trésor des algues, des éponges,
Des perles, ébloui je tirerai les forts.

Je suis l'évasion promise où l'on s'élance.
Du chant de mes agrès je vaincrai ton silence,
J'arracherai tes fils aux bonheurs importuns.

Car nul bonheur ne vaut les grimaces d'envie
Vers les îles, ni les récifs, ni les embruns,
Ni – ville heureuse – l'âpre sel d'une autre vie[16].

Lorsqu'il fut devenu prosateur et célèbre, Antoine de Saint-Exupéry ne renonça pas à la poésie, dont la musique mélancolique soulageait son âme inquiète, cet esprit tourmenté dont parlent ceux qui l'ont connu. Mais mieux, toute son œuvre ne pourrait-elle être envisagée comme un vaste poème ? À la manière dont le faisait Jean Cocteau pour sa propre création, ne pourrait-on ranger *Courrier Sud* dans le genre « poésie de roman », tous ses dessins en « poésie graphique », ses scénarios en « poésie cinématographique »... *Le Petit Prince* n'est-il pas un conte poétique, et *Citadelle* un long poème en prose ? Même lorsqu'il se fonde sur son expérience ou des souvenirs personnels, Saint-Exupéry les transcende et les revisite. Il n'y a pas moins *réaliste* que cet homme. André Maurois (que Saint-Exupéry fréquenta durant son exil américain, et qui fut, tout comme lui, l'une des bêtes noires des gaullistes) disait : « L'homme d'action est avant tout un poète. » La définition s'applique parfaitement à Saint-Exupéry (comme à Malraux, d'ailleurs).

Écoutons encore le témoignage de Joseph Kessel, qui fut aussi son ami : « J'ai rencontré beaucoup d'hommes qui sont à la fois hommes de poésie et d'action. Mais toujours en eux, l'un de ces personnages était gêné, rongé par l'autre. Toujours se mêlaient et s'accouplaient les deux visages. Seul, l'auteur de *Vol de nuit* et le porteur de courrier aérien au-dessus des déserts, de jungles et de pampas était à la fois entièrement écrivain et entièrement pilote[17]. »

Un homme qui ne supportait pas le « plancher des vaches », sa pesanteur et ses contraintes, une âme d'enfant grandi trop vite emprisonnée dans un corps de géant, qui refusa de toutes ses forces de s'intégrer dans un monde où il ne se reconnaissait pas : violent, matérialiste, inhumain. Pour s'échapper, voler et écrire, écrire et voler, jusqu'au bout.

II

Il ne faudrait pas croire que, dans la quête de l'archéologue littéraire, tous les documents arrivent spontanément. Il en est au contraire qui se méritent. Ainsi cette lettre d'Antoine de Saint-Exupéry à Louise de Vilmorin, écrite en novembre 1933 à Perpignan, acquise de haute lutte et présentée plus loin.

Lorsque nous avions commencé à travailler ensemble, Olivier d'Agay m'avait expliqué qu'une part importante, presque quotidienne, des tâches de la Succession Saint-Exupéry-d'Agay, est la chasse aux manuscrits, dessins, lettres de Saint-Ex, qui surgissent ici ou là. Quand la littérature et le business tentent de cohabiter...

La législation française relative au patrimoine littéraire est précise et stricte : le propriétaire d'un document l'est de son support matériel. C'est-à-dire qu'il peut céder son manuscrit quand bon lui semble et à qui il veut, sous réserve, en cas d'exportation éventuelle, d'une déclaration au ministère de la Culture et d'un agrément de celui-ci. Sinon, si le bien est jugé fondamental pour notre patrimoine national, il peut être interdit d'exportation. Sa valeur financière s'en trouve alors minorée, et l'État, en cas de vente publique, a toutes les chances de s'en porter acquéreur.

D'autre part, l'héritier du droit moral de l'écrivain peut demander à se faire communiquer le contenu d'un document, décision laissée au bon vouloir du propriétaire et sans obligation aucune de sa part. Disons que c'est une question de *fair play*. L'ayant droit peut alors décider, toujours en accord avec le propriétaire, de diffuser le texte, dans l'intérêt de la recherche sur l'auteur, de la connaissance de sa vie et de son œuvre.

Chez les marchands d'autographes, deux positions coexistent : certains jugent que la valeur pécuniaire d'un document est plus grande lorsque son contenu est complètement inédit ; d'autres, au contraire, estiment qu'un peu de publicité autour de son intérêt ne peut que le mettre en valeur. Dans le cas de la divulgation d'une lettre, il faut en outre informer l'ayant droit de son (sa) destinataire, et obtenir son accord, protection de la vie privée oblige.

Au moment où je m'intéressais aux amours de Louise et d'Antoine, la Succession m'informa que quelques lettres inédites des deux tourtereaux étaient en vente chez un marchand d'autographes réputé du Quartier latin. Contacté, l'homme de l'art avait refusé d'en communiquer le texte, sans l'accord de son éventuel acquéreur. Or il faut savoir qu'en termes de manuscrits, Saint-Exupéry est un des écrivains les plus cotés au « box-office » (avec Rimbaud, Proust ou Céline chez les français). Que, signée de sa main, la moindre bricole vaut des milliers d'euros. Et plusieurs centaines de milliers d'euros un manuscrit d'importance. La lettre qui nous intéressait coûtait elle onze mille euros... Sollicitée chaque jour, la Succession ne saurait à l'évidence tout acheter, et ne pouvait disposer de la totalité de la somme en temps voulu. C'était l'été, les vacances approchaient, le marchand allait fermer. Ayant lu la lettre chez lui incognito, j'en avais apprécié le contenu, important pour l'histoire que je souhaitais raconter. Comment faire ? Nous ne pouvions verser des arrhes, attendre la rentrée. Et chaque jour qui passait, la lettre risquait de trouver preneur...

J'eus alors l'idée de faire appel à la Fondation d'entreprise La Poste, dont je venais de rencontrer la directrice, Dominique Blanchecotte, au festival de Manosque. Bien connue des éditeurs, la Fondation a pour but d'aider à la diffusion de notre patrimoine écrit, en particulier des correspondances. Pour eux, la situation était inédite : il s'agissait de contribuer à acquérir une lettre pas encore publiée. Mais j'ai bénéficié d'une écoute très attentive, et l'affaire se fit. Subvention débloquée *in extremis*, la Succession a pu acheter la fameuse lettre, et moi la publier dans *Le Figaro*. Ensuite, le texte a été repris dans un petit volume d'inédits[1]. Enfin, en remerciement, la lettre a été prêtée en dépôt par la Succession à la Fondation, et est exposée au Musée de la Poste, dans la salle consacrée à l'Aéropostale, où Saint-Ex était déjà chez lui !

Outre sa qualité littéraire intrinsèque, sa beauté, cette lettre m'avait semblé capitale en tant que jalon de l'histoire entre Saint-Exupéry et sa « Loulou chérie ». Elle prouve, dix ans après que leur projet de mariage eut capoté, la persistance du sentiment amoureux, de son côté à lui en tout cas. On n'oublie jamais son premier grand amour… Et cette histoire avec Louise de Vilmorin a servi d'amorce à une exploration des relations de Saint-Exupéry avec les femmes, infiniment compliquées et multiples, et ô combien fondamentales pour la compréhension de sa psychologie, de son parcours et de son œuvre.

Un homme à femmes

Nous sommes à l'été 1923, à Reconvilier, dans le Jura suisse. Antoine de Saint-Exupéry et Louise de Vilmorin, dite Loulou, quarante-quatre ans à eux deux, vivent quelques jours d'un bonheur idyllique. Presque leurs derniers. Louise est venue soigner là un rhume tenace, chaperonnée par sa gouvernante Mlle Petermann, comme cela se pratiquait à l'époque dans les bonnes familles. Antoine l'y a rejointe. Désargenté – même devenu célèbre, il passera sa vie à tirer le diable par la queue –, il a dû vendre son appareil photo Kodak pour payer son voyage, et sa mère, Marie, a complété. Rien de clandestin ni de scabreux dans cette escapade, même si l'on imagine aisément que les deux jeunes gens ont dû passer leur temps à essayer de déjouer la surveillance de la duègne !

Ils sont officiellement fiancés depuis la fin de l'année précédente. Un rang de perles, « modeste » bijou de famille, a même scellé leur promesse. Ils doivent se marier fin octobre ou début novembre. En attendant, ils filent le parfait bonheur. Louise se souviendra de ce moment comme des « plus beaux jours de [sa] vie ».

*

Pour Antoine, Louise n'est pas la toute première. Adolescent, il est déjà tombé amoureux d'Odette de Sinety, issue d'une famille parente du côté paternel. Afin de rompre la solitude de son veuvage, Marie de Saint-Exupéry avait souhaité se rapprocher de la famille de son mari, et était partie s'installer en 1909 au Mans avec ses enfants. Ils y demeureront jusqu'en 1914. Antoine est élève chez les jésuites de Notre-Dame-de-Sainte-Croix, où il ne se plaît pas. Les Sinety reçoivent leurs cousins dans leur château du Passay, à Sillé-le-Philippe, au nord du Mans. Les enfants jouent ensemble. Des liens se tissent. Et il semble qu'Antoine se soit épris d'Odette, de trois ans son aînée. « Il existe, raconte Paul de Sinety, petit-neveu d'Odette, une photo des deux jeunes gens canotant sur un étang. Dans la légende familiale, on dit qu'Antoine de Saint-Exupéry est allé jusqu'à demander Odette en mariage, mais son père a refusé, estimant qu'il n'était pas un assez bon parti[2] ! » Marc Mahuzier, lui, cousin issu de germain de Paul de Sinety, et petit-fils d'Odette dont il fut « très proche », ne se rappelle pas l'avoir entendue jamais évoquer cette histoire de mariage. En 1982, à quatre-vingt-cinq ans, Odette elle-même avait confié ses souvenirs sur Antoine de Saint-Exupéry à Patrice Guillier, alors jeune journaliste au *Maine libre*. Celui-ci a bien voulu retrouver pour nous dans ses archives la belle page consacrée à la vieille dame qui dit : « Pour moi, c'est comme si c'était hier. »

Odette de Sinety revoit Antoine « déjà très romantique et littéraire », qui « composait des poèmes, des tragédies et insistait souvent pour nous les lire. [...] il me poursuivait fréquemment en déclamant, ses œuvres à la main ». Sensible au charme de cette « ravissante jeune fille blonde aux yeux pétillants et au sourire enchanteur » de trois ans son aînée, Antoine compose pour elle deux poèmes, *Mort du cygne* (en Provence, région d'origine de la famille d'Odette, Sinety signifie « cygne », oiseau qui figure sur leurs armes) et *Mon joli pont*, qu'il calligraphie dans deux « carnets de jeune fille » de son amie, et qu'elle a précieusement conservés. D'inspiration très lamartinienne, le premier poème est orné d'un dessin de cygne de profil nageant sur un étang.

Le cygne s'est blessé ; son sang rouge colore
La splendeur de son être ; il se redresse encore
Et d'un effort suprême en frémissant toujours
Se rattache à la vie ; et veut vivre ses jours[3].

Il existe une autre photographie, étonnante, prise dans le jardin de la maison des Saint-Exupéry au Mans, rue Clos-Margot, lors d'un bal masqué. On y voit Antoine, en élégant marquis du XVIIIe siècle, dansant avec une Odette très souriante, un brin plus grande que lui. Entre eux, espiègle, Elzéar, jeune frère d'Odette et grand-père de mon ami Paul.

Instantanés d'une enfance heureuse, d'une amitié que les circonstances vont séparer. Bientôt, Antoine partira pour un autre pensionnat, en Suisse. Sans trop exagérer l'importance de cet épisode, on peut le considérer, du point de vue d'Antoine, comme un premier échec sentimental, un premier traumatisme. D'où l'importance de réussir cette fois avec Louise.

*

Exubérants et très épris, Antoine et Louise adressent à Mme de Saint-Exupéry des lettres affectueuses et farfelues, sur un mode volontiers lyrique. Ainsi, dans une missive datée du 21 août, Loulou écrit à Marie, qu'elle appelle « Madame chérie », afin de la remercier de ses bontés. Et de lui faire part de ses sentiments à l'égard de son fils : « Je veux vous dire que j'aime Antoine d'un vrai grand amour et que ma vie et toutes mes pensées sont à lui [4]. » On ne saurait être plus clair. « Quand nous serons mariés, ajoute-t-elle gracieusement, nous serons pour vous les plus tendres enfants du monde. » Une autre lettre, celle-ci datée du 24 août, est assez extraordinaire. C'est une espèce de « cadavre exquis » à quatre mains, Antoine et Loulou tenant alternativement la plume.

24 août 1923

Madame chérie,

[Louise] *Vous avez été si gentille de m'envoyer Antoine pour ma fête. Nous sommes tellement heureux de ces jours que nous vous devons. Antoine vous adore ; moi aussi et nous vous trouvons un amour. Si je n'étais pas très intimidée, il y a déjà bien longtemps que je vous l'aurait* [sic] *dit, mais je n'osais pas : j'attendais qu'Antoine me le permette. Jamais nous n'avons été aussi heureux.*

Quand nous serons mariés nous viendrons tout le temps vous voir et nous [Antoine] *serons si gentils que vous serez attendrie et réconfortée. Je pars dans deux heures mais Loulou ne sait pas si elle m'envoie à St-Maurice ou à Paris. Loulou est furieuse de me voir écrire cela parce que ce n'est pas vrai – je me rétracte. Ce qui est vrai, c'est que peut-être ma présence à Paris activerait le rôle de D.V. et elle est de cet avis et l'avis de ma femme est une chose précieuse parce qu'elle est bien intelligente et qu'elle m'aime et qu'elle connaît bien D.V.*

Loulou vous adore, moi aussi. Il pleut mais nous sommes bien contents – bien contents. Nous vous embrassons bien tendrement, ma petite maman. Et j'embrasse Loulou de votre part et elle m'embrasse pour vous.

Votre fils respectueux.

Antoine

[Louise] *Je conseille à Antoine d'aller à Paris parce que connaissant D.V. je pense que ça l'aidera. Ne m'en veuillez pas, Madame chérie, parce que ça me ferait beaucoup, beaucoup de peine, mais il me semble que c'est pour notre bonheur...*

Antoine m'embrasse trop, je ne peux plus vous écrire.

Votre petite fille chérie.

Loulou[5].

Outre leur reconnaissance pour les moments d'intimité amoureuse que « Madame chérie » a favorisés, et leurs protestations de tendresse, les futurs époux envisagent sérieusement l'avenir d'Antoine qui n'a ni ressources ni projet de carrière précis. Un ami des Vilmorin, Vincent Charles Daniel-Vincent, ancien ministre du Travail, a été sollicité pour lui trouver un emploi à Paris. À condition bien sûr que le jeune homme accepte de quitter le cocon familial de Saint-Maurice-de-Rémens, pour s'installer définitivement dans la capitale. Loulou, qu'on présente souvent comme frivole, espiègle, « légère », fait preuve en ces circonstances d'une évidente maturité et d'un solide bon sens, compensant ainsi ce dont son fiancé semble singulièrement dépourvu. Elle milite donc pour Paris et ajoute, dans une autre lettre, « Antoine a besoin, à mon avis, qu'on le secoue un peu ». Ce qui n'était pas si mal vu.

C'est en 1920 qu'Antoine de Saint-Exupéry avait fait la connaissance de Louise de Vilmorin – de deux ans sa cadette, elle lui survivra jusqu'en 1969 – par l'entremise, semble-t-il, de son ami Honoré d'Estienne d'Orves, apparenté aux Vilmorin. D'Estienne d'Orves avait été le condisciple de Saint-Exupéry lorsqu'ils préparaient le concours d'entrée à l'École navale, auquel le futur pilote avait été collé à l'oral, en 1919. Tous deux faisaient partie d'un cercle aristocratique et bohème chic, le groupe Bossuet, du nom de l'école Bossuet, près du jardin du Luxembourg, où plusieurs d'entre eux avaient été pensionnaires. Parmi les membres, Bertrand de Saussine, cousin d'Antoine, ou Olivier de Vilmorin, l'un des frères de Louise. Les Vilmorin recevaient dans leur hôtel particulier rue de la Chaise, non loin du faubourg Saint-Germain finissant de Proust, dont Louise, dans sa chambre du dernier étage où elle abritait sa santé fragile, était la muse et l'icône. Ils possédaient aussi, à la campagne, le château de Verrières-le-Buisson.

Antoine est tombé réellement amoureux de Louise en 1922. Sentiments et affinités intellectuelles se mêlent. Il écrit des poèmes et nourrit déjà d'autres projets littéraires, dont une nouvelle prévue pour paraître dans la *NRF*. Elle ignore encore qu'elle deviendra écrivain, mais elle lit beaucoup, et fréquente le tout-Paris littéraire. En dépit de difficultés familiales, leur affaire va aller très vite. Même si les Saint-Exupéry, hobereaux qui s'étaient distingués dans la fonction publique, faisaient un peu, face aux riches et mondains Vilmorin, figure de « parents pauvres ». Antoine encore une fois considéré comme un mauvais parti, et cette union comme une mésalliance ? Peu importe. Les amoureux semblent bousculer tous les obstacles, et notamment cet « état-major des frères », qui avait tant impressionné Jean Cocteau, un autre cher ami de jeunesse de Louise.

Fin 1922, Antoine et Loulou sont fiancés. Le mariage est programmé pour fin 1923. Vincent Charles Daniel-Vincent a tenu parole et trouvé un travail pour Antoine : durant quelques mois, il officiera en tant que contrôleur de la fabrication aux Tuileries de Boiron, 52, rue du Faubourg-Saint-Honoré. Il s'y ennuiera à périr, en attendant de retrouver ses chers avions, sa grande passion.

Une passion, justement, qui inquiète Louise. Non sans raison, elle ne se voyait pas en « future veuve » d'un aviateur, se rongeant les sangs en attendant au domicile conjugal le retour de son mari, dont elle pressentait que c'était un casse-cou. En janvier 1923, durant son service militaire au Bourget, n'avait-il pas eu un accident, le deuxième d'une longue série, aux commandes d'un Hanriot HD-14 qu'il n'aurait pas dû piloter ? Les journaux de l'époque firent même état de l'histoire, rapportant qu'un lieutenant « Santupéry » avait été gravement blessé. Il s'en tire en fait avec une fracture du crâne et quinze jours d'arrêts simples ! Loulou pardonne, à condition que son fiancé renonce pour elle à la dangereuse aviation. Il promet. Fine mouche, elle devait se douter que cela ne saurait être que provisoire. Mais passe outre. Son amour semble être plus fort que tout…

Cependant, il apparaît que la guérilla du clan Vilmorin contre ce grand garçon un peu gauche qu'ils appelaient le « pachyderme incertain » n'a pas désarmé. Et ses perpétuels ennuis d'argent reviennent sur le tapis, lancinants. Toujours est-il qu'au moment prévu pour le mariage, Loulou demande à Antoine quelques mois de délai. Puis temporise. Lui commence à comprendre que leur idylle bat de l'aile. Vers la Noël 1923, il rejoint sa promise à Biarritz, où elle séjourne, pour « mettre les choses au point ». En vain. Loulou, si elle ne rompt pas vraiment, ne se décide toujours pas au mariage. Elle lui a échappé. Antoine, blessé, écrit alors à sa mère pour la prier de ne plus lui reparler de cette affaire, lui-même s'engageant à tout oublier. Ce qu'il ne fera pas. Il entretiendra au contraire avec Loulou, durant toute sa vie, une correspondance sentimentale, quasi amoureuse. Comme si la jeune femme, mariée pourtant une première fois en 1925 avec l'Américain Henry Leigh-

Hunt, était demeurée éternellement sa fiancée. Et, même si l'on n'a pas encore retrouvé ses lettres à elle, on sait qu'elle lui répondait : « Je reçois aujourd'hui tes lettres du 5 et 11 mars, avec une émotion infinie[6] », lui écrit-il par exemple en 1933. Louise de Vilmorin fit sa vie et son œuvre, discrète, en dépit d'amitiés illustres. Elle fut notamment la compagne d'André Malraux, qui vécut de 1969 à sa mort, en 1976, dans la demeure des Vilmorin à Verrières-le-Buisson. Malraux, l'ami de jeunesse devenu célèbre et retrouvé sur le tard, avait été à l'origine de la publication par Gallimard du premier livre de Louise, *Sainte-Unefois*, un roman, en 1934.

On disait Louise de Vilmorin volage, mondaine, superficielle, cruelle. Intelligente mais sans cœur. On verra plus loin, cependant, qu'elle n'a jamais vraiment oublié, elle non plus, son soupirant éconduit.

Nous possédons des lettres de Saint-Exupéry adressées à Louise de Vilmorin en 1926, 1927, 1929, 1931, 1933. Il en existerait de 1939. Elles ont été écrites à Paris, à Dakar, à Casablanca, ou à Perpignan, au gré des emplois ou des affectations de l'aviateur. Elles parlent de sa vie de tous les jours, sur un mode très intime, comme à un(e) ami(e) que l'on a quitté(e) la veille. Elles demandent parfois des conseils littéraires, et toujours elles prient pour que Loulou réponde.

En avril 1929, par exemple, il lui écrit ces lignes émouvantes : « Je ne veux pas dire que je t'oublierai

– je pense avec mélancolie que c'est impossible. Mais je ne chercherai plus à te voir car tu me fais, malgré toi, beaucoup de mal. [...] je dis cela sans amertume, je te le jure. Je n'en veux qu'à cet amour qui est une longue maladie[7]... » Et à la fin de la même année, sur un exemplaire de son premier roman, *Courrier Sud*, il la supplie : « Ne m'oubliez pas trop. »

Retrouvée dans des conditions assez rocambolesques, voici encore une lettre d'Antoine à sa « Loulou chérie », que l'on peut dater précisément de novembre 1933. N'ayant pas réussi à entrer, pour l'instant, à la compagnie Air France nouvellement créée, il s'est engagé, toujours pressé par ses besoins d'argent, comme pilote d'essai sur hydravion chez Latécoère. D'abord à Toulouse, puis à Saint-Laurent-de-Salanque près de Perpignan, enfin à Saint-Raphaël, tout près du château d'Agay. Où vivait Gabrielle, sa plus jeune sœur, avec son mari Pierre d'Agay, un de leurs amis d'enfance, et leurs enfants. Le 21 décembre 1933, c'est tout près de là, en baie de Saint-Raphaël, que Saint-Exupéry manque de périr noyé dans son hydravion, par suite d'une erreur de pilotage lors de l'atterrissage. Peu de temps auparavant, il avait adressé à Louise cette lettre superbe, poétique, pleine de ses incertitudes mais aussi de projets d'avenir. Notons que le livre auquel il travaille alors ne paraîtra qu'en 1939, il s'agit de *Terre des hommes*.

Perpignan

Loulou chérie je reçois aujourd'hui tes lettres du 5 et 11 mars, avec une émotion infinie. Je n'ai reçu signe de vie de toi depuis ton départ. J'avais tout arrangé après le départ d'Y. pour les lettres et rien jamais ne venait. Et j'avais tellement peur de te déranger de ton silence si tu préférais te taire. C'est si dur de recevoir une lettre qui n'est qu'une réponse un peu lassée. Mais ta présence vient de naître en moi toute fraîche et miraculeuse. Que je te remercie !

Mais Loulou je sais maintenant que je ne sais pas t'écrire. Je ne sais que me taire près de toi. Tu sais un paysage parle, et les sources et les oiseaux et les feuillages. Mais se fait tout à coup un grand silence. Un silence étonnant. Il me semble chaque fois qu'un invisible visiteur visite son royaume et pose un pas sur l'herbe où tous les grillons deviennent muets, et dans les arbres les oiseaux aussi, de saisissement. Et les vents respectueux. Plus rien ne bouge. Et c'est tellement la même chose en moi quand tu t'approches. Que mes tendresses, que mes désirs, que mes regrets se taisent ! Et toutes les images qui passaient en moi, je te reçois absolument. Et j'ai peur en même temps, j'ai peur que tu te dises : que ce paysage est silencieux, que ce royaume m'ennuie, que ces sources font peu de chansons. Et du même pas tu t'en vas avec ta robe qui traîne sur l'herbe et dont tu ne sais pas que sa seule caresse a tout fait taire.

Tu ne sais pas qu'ensuite tous les grillons se désespèrent : elle n'a pas entendu notre plainte ! Et les oiseaux : elle n'a pas entendu notre chant ! Et les vents : elle ne sait pas notre force ! Et tous qui se plaignent, mais que tu reviennes et tout se taira invinciblement. Ça, ça me fait mal.

Je t'envoie deux petites choses que j'ai écrites. C'est curieux comme j'ai de plus en plus l'impression de n'être pas chez moi dans la vie (je ne dis pas que je l'exprime) et de regarder les choses, je ne dis pas mieux qu'autrement, mais de l'extérieur. J'ai l'impression d'assister à un jeu, à demi compréhensible et quelquefois joli mais d'y assister. J'ai chaque fois une indifférence un peu plus immense pour l'approbation et la désapprobation. Ça m'est chaque fois un peu plus immensément égal ce que l'on pense de moi. Il me semble être déjà parti, à moitié, en voyage. Il y a si peu de gens que je sache rejoindre. Toi Loulou. Que tu pèses lourd, toi !

Dis-moi si ça te plaît mes deux petites choses dont l'une n'est pas publiée : ce n'est pas long à lire ! Fais-le pour moi.

Maintenant voici ma vie : j'essaie des prototypes d'avions aux usines Latécoère. C'est assez dangereux mais cela m'est devenu de plus en plus indifférent, non par tristesse, mais à cause de ce bizarre état de spectateur, la vie me semble si provisoire (sans que je sache bien pourquoi car il m'est impossible de croire à quelque chose). Mais c'est ainsi. Tu es ma seule impa-

tience. À cause de toi les gens qui passent sont un peu amers de n'avoir pas livré leur dû, on vieillit. Mais mon métier est mal payé (sept mille par mois) et ne me permet pas de remonter mes dettes. Mais il est probable d'abord que je partirai très bientôt au Venezuela avec beaucoup d'or en vue, ensuite j'écris un livre, pas vite, il est très difficile mais je l'écris.

Si le Venezuela marche je pourrai sûrement te donner ton voyage mais, comme la vie est triste, ce sera pour ne pas te voir ! Mais cela me sera déjà tellement mieux de pouvoir t'aider.

Si je manque ça, je ne sais pas trop comment ça ira. Mais quelques rentrées d'or possibles. Possible seulement. Enfin on verra, peut-être aurons-nous un peu de chance ?

Mais si tout restait, d'ici juin, encore contraire, je veux que tu saches Loulou que j'en serai plus malheureux que toi.

Maintenant c'est à moi de m'excuser de te parler de ça ainsi. Bien qu'il soit ridicule de ta part ou de la mienne de s'excuser. Ça se passe tellement ailleurs que dans ce monde médiocre.

Dis-toi tout doucement, pour t'endormir ce soir, que quelqu'un t'aime.

Antoine
Poste restante Toulouse Haute-Garonne

Précisons que l'eldorado vénézuélien n'aboutit pas, et qu'on ignore de quel projet de voyage de Louise il est ici question. Ce qu'on sait, en revanche, c'est que les précautions qu'utilise Saint-Exupéry pour recevoir son courrier (poste restante et autres) sont dues au fait qu'il est marié ! Depuis avril 1931, avec Consuelo Suncin Sandoval, qui lui avait été présentée en Argentine l'année précédente.

*

Entre Louise et Consuelo, Antoine de Saint-Exupéry connut d'autres femmes. Assez nombreuses, apparemment.

Étreintes sans lendemain avec celles qu'il appelle, non sans muflerie, « les Colette, les Paulette, les Suzy, les Daisy, les Gaby, qui sont faites en série et ennuient au bout de deux heures. Ce sont des salles d'attente ». Dans les années 20, il fréquentait des milieux assez interlopes, et notamment des prostituées. Une période dont témoigne *Manon, danseuse*, un court roman (en fait, une *novela*) retrouvé en 2007 [8].

C'est durant l'hiver 1923-1924 que Saint-Exupéry, qui n'avait jusque-là écrit que des poèmes, se met à la prose, et se lance dans la rédaction de ce qui deviendra probablement *Manon, danseuse*. Suivant ce qui sera sa méthode de travail habituelle, il en multiplie les versions, et insiste auprès de ses amis, comme Louis de Bonnevie, Marc Sabran ou Charles Salles, pour leur en faire écouter des extraits. Cette manie de lire à haute voix des passages de textes en chantier ne le quittera jamais. Au point que nombre de ses proches considéraient cela comme une corvée !

Il parle aussi de son ouvrage dans ses lettres, à sa mère Marie par exemple, la confidente de toute sa vie, à qui il annonce, non sans fierté : « La moitié de mon roman, Maman, est faite, je crois vraiment qu'il est neuf et concis[9]. »

Mais Saint-Exupéry ne traîne pas qu'à Pigalle. Il fréquente le salon de sa cousine Yvonne de Lestrange, sa « marraine littéraire », qui lui présente en particulier ses amis André Gide (qui le soutiendra toujours chez Gallimard et signera en 1931 une préface à *Vol de nuit*) et Jean Prévost. Antoine et Jean ont le même âge (Prévost est né en 1901), et deviennent proches. Très introduit dans le milieu littéraire (il est, rappelons-le, secrétaire de rédaction à la revue d'Adrienne Monnier *Le Navire d'argent* où il fera publier *L'Aviateur* en 1926), c'est Prévost qui fait passer le texte de *Manon, danseuse* à Gaston Gallimard. Lequel se montre intéressé, et laisse espérer à Saint-Exupéry une publication dans la *NRF*, cette publication dont l'écrivain en herbe se vantait auprès de Loulou, et qui n'aboutira pas. Ensuite, l'éditeur envisage de rassembler quatre nouvelles de Saint-Exupéry, *L'Aviateur*, *Manon, danseuse*, et deux autres restant à écrire afin de former un recueil, projet qui n'aboutira pas non plus. En 1927, Saint-Ex, devenu entre-temps pilote pour l'Aéropostale, confie sa déception à Yvonne de Lestrange : « Ça m'est bien égal de ne rien publier et c'est lui-même [Gaston Gallimard] qui avait voulu prendre *Manon*. Ce n'était pas la peine de faire tant de mouvements [10]. » Et encore de Dakar, en 1928, il demande à sa bonne fée : « Donne-moi des nouvelles de *Manon* [11]. »

Yvonne de Lestrange, semble-t-il, a alors passé le texte à Gide, cofondateur de la *NRF* et tout-puissant chez Gallimard. Mais aucune trace dans son *Journal* (où Saint-Exupéry n'apparaît qu'en 1931, soit au moment de *Vol de nuit*), ni dans *Les Cahiers de la Petite Dame*, Maria Van Rysselberghe, qui recense pourtant scrupuleusement les lectures de son illustre ami.

Manon, danseuse, en tout cas, ne paraîtra ni dans la *NRF*, ni chez Gallimard, ni ailleurs. On ignore pourquoi. Saint-Exupéry, lui, s'était lancé entre-temps dans un autre projet, bien plus ambitieux, « un truc de 170 pages assez idiot », qui deviendra *Courrier Sud*.

Quatre-vingts ans après, cette *Manon, danseuse*, dont on ne connaissait jusque-là qu'un fragment de quelques lignes [12], réapparaît. Sous forme d'un tapuscrit, une quarantaine de feuillets dactylographiés appartenant à un collectionneur qui a souhaité garder l'anonymat, et dont on ignore la provenance : serait-ce l'exemplaire confié à Gide par Yvonne de

Lestrange, ou une autre copie offerte à l'un(e) de ses proches par Saint-Ex ? Mystère.

Manon, danseuse est un texte poétique, au rythme syncopé, où se mêlent éléments de récit, passages introspectifs plus ou moins autobiographiques, et dialogues assez vifs. Qui peut se lire comme un témoignage transposé de la jeunesse bohème de l'écrivain, révélateur de ses rapports à venir avec les femmes, complexes : un mélange de machisme, de tendresse, de sentiments protecteurs.

C'est l'histoire d'amour entre une jeune « poule », Manon, et un homme de quarante ans, « grave », triste, qui cherche un sens à sa vie. Et protège sa « pauvre petite fille », qu'il croit danseuse alors qu'elle est une prostituée. Entre eux, la chair est triste, et les petits matins bien glauques.

« Elle va d'abord au miroir. On y lit ce qu'il y a d'usé depuis la veille. D'avoir dormi sur son poing, elle a une tache près de la tempe. Une ride descend de la lèvre : "Je suis laide." Elle tire de son sac le rouge, la poudre. Elle refait ses cheveux, se repeint, se maquille : sa robe rose, son décolleté sont ridicules. Elle serre son manteau, voilà. Elle est un petit paquet tout ficelé, une boîte de bonbons avec un ruban.

« C'est toutes les fois la même chose[13]. »

*

Mais toutes les amours de Saint-Exupéry ne furent pas vénales. Il eut des aventures plus sérieuses, platoniques ou charnelles, des amitiés amoureuses avec de nombreuses femmes, ce dont témoignent des lettres abondantes, toujours sur le même ton tendre et mélancolique, plaintif, réclamant une attention, une affection dont il est perpétuellement en manque. Et chaque lettre sonne comme si c'était sa dernière : « De moi-même, je n'ai rien à nous dire, écrit-il ainsi en 1927 de Toulouse à Lucie-Marie Decour. J'ai tout rangé en moi comme dans ma chambre, et tous mes souvenirs sont emballés. J'ai fait beaucoup d'ordre, je m'en vais comme un enfant sage au collège [14]. »

*

Même après avoir épousé Consuelo, son « petit oiseau des îles », sa « rose », en 1931, devant Dieu et devant les hommes, « Tonio » continua de papillonner, notamment pendant la guerre. Elle se plaignit d'ailleurs amèrement à des proches des infidélités de son mari. Même s'il n'était pas question pour lui de divorcer, puisqu'à l'instar de son Petit Prince il se sentait « responsable de [sa] rose », les rapports entre Antoine et Consuelo ont toujours été compliqués, conflictuels voire volcaniques. Sans compter l'hostilité d'une partie de sa famille envers « l'étrangère ».

*

À ce sujet, voici le témoignage très précieux de François d'Agay, né en 1925. Fils de Gabrielle d'Agay, il est l'un des neveux de Saint-Exupéry, et son filleul. Avec sa bouille ronde, ses yeux vifs, François, qui porte le prénom du frère d'Antoine mort jeune, ressemble fort à son oncle. Après avoir travaillé longtemps dans les forages pétroliers, et donc beaucoup bourlingué, il vit à Agay, dans l'une des maisons qui ont été construites sur l'emplacement du défunt château, en fait une grosse bastide. Le cadre est enchanteur, une petite baie privée tout près de Saint-Raphaël, face à la mer. Au-dessus des rochers, le jour où nous nous sommes vus, planait même un flamant rose… François d'Agay est très impliqué dans les activités de la Succession, qu'il représente volontiers à l'étranger. Il est aujourd'hui le chef de la famille et sa mémoire vive.

« Le mariage d'Antoine et de Consuelo, c'est mon premier souvenir d'eux ici, à Agay. Le château, détruit le 11 novembre 1943 par les Allemands, c'était la seule vraie maison de Saint-Exupéry, depuis que sa mère avait vendu Saint-Maurice-de-Rémens en 1932, pour s'installer, elle, à Cabris, derrière Grasse. Consuelo était jolie, exubérante, extravagante, elle nous éblouissait. Son accent nous faisait rire, nous les jeunes. Ce sont plutôt les "vieux" de la famille qui se sont montrés hostiles envers elle. Mais jamais ma grand-mère Marie, qui l'a toujours défendue. Alors que sa fille Simone ne l'aimait pas. Nous avons fréquenté Consuelo jusqu'à sa mort. Je suis même allé à son enterrement au Père-Lachaise, où elle repose à côté de son deuxième mari. »

*

Née Consuelo Suncin en 1902, d'origine salvadorienne mais de nationalité argentine, elle était veuve d'un célèbre journaliste, Gómez Carrillo, établi à Paris. Elle avait déjà été mariée auparavant. Même au début de son union avec Saint-Ex, les époux menaient chacun une vie autonome. Antoine, de par ses travaux et missions, voyageant sans cesse. Tous ceux qui ont connu Consuelo témoignent de son caractère fantasque, difficile à cerner.

Elle est de ces personnages dont il est ardu de se faire une opinion objective, tant elle déchaînait, et déchaîne encore, les passions.

À l'origine, en 1949, le premier biographe de Saint-Exupéry, Pierre Chevrier, minorait fortement le rôle de Consuelo dans la vie, l'inspiration et l'œuvre de son illustre mari. Mais Pierre Chevrier, on l'a appris depuis, s'appelait en réalité Nelly de Vogüé, était une amie de la famille de Saint-Exupéry, et avait été très proche d'Antoine, qu'elle avait beaucoup aidé dans les dix dernières années de sa vie. Gardienne de sa mémoire, éditrice de *Citadelle*, elle ne devait guère porter Consuelo dans son cœur... Plus tard, en revanche, d'autres biographes voulurent réhabiliter Consuelo, quitte à exagérer dans l'autre sens. Que de livres où le couple passe pour un modèle d'amour et de fidélité conjugale !

La vérité, comme souvent, se situe dans un équilibre entre les deux thèses. Certes, Consuelo fut très importante dans la vie de Saint-Ex, à qui elle a inspiré le personnage de la Rose dans *Le Petit Prince*. Certes, existait entre eux un amour puissant. Mais pas exclusif... Dès 1936, au 15, place Vauban, chacun possède son étage d'appartement et son téléphone. Et, en 1938, les époux se séparent, même s'ils continuent de se voir, de passer des soirées ensemble. Antoine prend même un studio rue Michel-Ange ! En 1939, il loue pour Consuelo la propriété de La Feuilleraie, dans la forêt de Sénart. Ensuite, ce sera la guerre. Et Consuelo ne rejoindra son mari à New York qu'au début de 1942. Si Saint-Ex avait vécu, continué à mener la même existence errante et à tomber amoureux, à sa façon, de multiples femmes, il est assez probable que les liens du couple se seraient distendus. Consuelo est morte à Grasse en 1979. Leur histoire, souvent romancée, a fait couler des flots d'encre.

*

Ce qui est sûr, c'est que, à New York, Saint-Exupéry flirta, en dépit de la jalousie et des scènes que lui infligeait Consuelo, avec Anne Morrow-Lindbergh, l'épouse de l'aviateur, dont il avait préfacé, en 1939, la traduction française de son livre *Le vent se lève* ; avec la belle Nada de Bragance, femme d'un prince brésilien, qu'il appelait « mon petit Plume d'Ange » ; avec la peintre Hedda Sterne ; avec Silvia Hamilton ; ou encore avec Natalie Paley, princesse Romanov et actrice célèbre à l'époque, qui avait été très proche de Cocteau.

Avec Saint-Exupéry, ce fut une idylle intense et brève, dont témoignent les lettres d'amour qu'on a retrouvées, datées de 1942 [15]. Des lettres à « la bien-aimée », qu'il appelle « mon ruisseau frais aux cailloux blancs, mon eau courante... ». Avec même quelques passages érotiques, chose rare chez lui, scènes fantasmées ou réellement vécues, peu importe :

« Si tu viens trop près de mon lit, je t'empoigne à deux bras et je te secoue comme un arbre et t'oblige bien de donner tes fruits. »

Le tout se terminant par un adieu : « Je te quitte. Je ne sais plus rien dire. »

De minutieuses études chronologiques (rappelons que les lettres de Saint-Exupéry ne sont, en général, pas datées) montrent que, dans une même journée, il pouvait envoyer, à deux femmes différentes, des lettres aussi enflammées. C'est ce que Gérard Egnell, spécialiste de Saint-Ex et collectionneur, appelle joliment sa « fidélité cloisonnée ». On pourrait aussi parler d'amours parallèles, qui lui étaient nécessaires afin de nourrir son besoin viscéral de se confier à une correspondante affectueuse et attentive, même en ignorant quel serait le retour.

Il y en eut beaucoup, de ces femmes à qui Saint-Exupéry destina des missives brûlantes, exagérées, attendrissantes. Certaines importantes dans sa vie d'écrivain, comme Yvonne de Lestrange ou Nelly de Vogüé.

L'existence de certaines autres femmes nous est connue, même si l'on n'a pas retrouvé de lettres. D'autres encore resteront peut-être à jamais ignorées. Mais certaines réapparaissent parfois, par pur miracle.

Ainsi, en 2008, passa en vente publique à Paris un ensemble exceptionnel de neuf lettres[16], dont sept ornées de dessins, adressées par Saint-Exupéry au printemps de 1943 à une femme dont on ignore toujours l'identité. L'écrivain-aviateur était alors en Algérie, s'entraînant avant de rejoindre son groupe 2/33. Un jour, entre Oran et Alger, il rencontre une jeune femme de vingt-trois ans, mariée, officier et ambulancière de la Croix-Rouge, dont il s'éprend. Ce sera selon toute probabilité le dernier amour de sa vie. Il envoie à celle qui demeure « l'Inconnue » des messages où il se sert de son Petit Prince comme d'un porte-parole. Prenant la place de son créateur, le petit bonhomme se plaint vite, sur un ton d'abord humoristique, qu'« elle n'est jamais là quand on l'appelle » et qu'« elle ne téléphone pas ». Puis viennent les reproches : « J'écris à une amie qui m'a tout à fait oublié. » Puis arrive cette antépénultième lettre pathétique, sans dessin : « Il n'y a pas de Petit Prince aujourd'hui, ni jamais. Le Petit Prince est mort. Ou bien il est devenu tout à fait sceptique. Un Petit Prince sceptique ce n'est plus un Petit Prince. Je vous en veux de l'avoir abîmé. » Et comme les amours de Saint-Exupéry finissent mal en général, la suivante se veut sa « dernière lettre ». Avec une lucidité bouleversante, l'écrivain, hanté en permanence par un sentiment d'abandon, de solitude, admet qu'il a tout inventé ou presque de cette histoire et l'assume : « Mais si ça me plaît, à moi, d'oublier son oubli et de m'inventer un souvenir ? » Rarement Tonio aura été aussi désespéré… Et puis, surprise : à la vraie dernière lettre, revient le Petit Prince, usant d'un ton radicalement différent. Ils se sont parlé, et : « Tu es un chic petit gars. […] tu peux me revoir. Je suis ton ami. »

Retour de l'espoir, retour espéré du printemps. Idylle difficile mais pas impossible ? Peut-être. Mais dans quelques semaines le pilote, selon son vœu le plus ardent, va reprendre du service. On connaît la suite…

*

Homme à femmes aux histoires nombreuses et compliquées, Saint-Exupéry pouvait se montrer tour à tour d'une extrême tendresse comme d'une parfaite muflerie, exprimait sans relâche un besoin maladif d'affection, se plaignait pour se faire consoler d'une façon parfois exaspérante. Élevé par une femme au milieu de filles, traumatisé par ses échecs sentimentaux de jeunesse – notamment, on l'a vu, deux demandes en mariage repoussées –, Antoine, aussi épris fût-il de Consuelo, pensa toujours à Louise.

Elle, qui connut aussi une vie sentimentale plutôt tumultueuse, n'oublia pas non plus son amoureux éconduit. En 1944, soit vingt et un ans après leur rupture, elle rendait ainsi hommage, dans la revue *Carrefour*, au disparu : « Le magicien de notre adolescence. Un ambulant, un chevalier, un mage noble, un enfant de mystère, qu'un souffle de grâce animait. »

III

Cette fois, tout est parti d'un reportage photographique, réalisé par Limot en 1936 à Mogador, l'actuelle Essaouira, sur le tournage du film *Courrier Sud* par Pierre Billon, d'après le premier roman de Saint-Exupéry publié en 1929. L'auteur s'est rendu sur place, attentif à tout ce qui se passe. On le voit penché vers le désert, tendu, son œil comme dans le prolongement de la caméra. Des photos sublimes de Limot, on ne connaît que quelques-unes, parues dans la presse de l'époque, reproduites ensuite dans telle ou telle biographie. L'ensemble, en noir et blanc, est une sorte de chef-d'œuvre, qui remet Saint-Exupéry en situation. L'aviateur-écrivain, d'ailleurs, double l'acteur-vedette Pierre-Richard Wilm dans les séquences dangereuses.

En voyant ces photos, en imaginant ce tournage, je m'étais dit que Saint-Exupéry était fait pour le cinéma. Les aventures qu'il avait vécues ou imaginées, servies par une écriture très visuelle, appelaient l'image. Il l'avait parfaitement compris : en effectuant mes recherches, j'étais tombé sur un scénario abouti, celui d'*Anne-Marie*, plus quelques ébauches publiées [1]. Et mes interlocuteurs spécialistes laissaient clairement entendre que ces pages ne représentaient que la face émergée d'un iceberg bien plus considérable, que Saint-Exupéry avait, à partir des années 30, échafaudé de nombreux projets cinématographiques. Presque autant que de brevets pour l'aviation.

Comme si, toujours harcelé par ses problèmes d'argent, il avait essayé de faire feu de tout bois, de multiplier les idées, les tentatives, en fonction de ce qu'il savait faire.

Et j'ai trouvé en effet dans les archives de la Succession plusieurs autres scénarios peu connus ou inédits, parfois un simple synopsis tapuscrit de quelques feuillets, parfois un projet un peu plus finalisé. Les sujets tournent en général autour des mêmes thèmes : l'aviation, ou des voyages en bateau qui se passent mal. On ne saura jamais si ces idées auraient fait de bons films, voire des chefs-d'œuvre. À l'exception d'*Anne-Marie*, ils n'ont pas été tournés.

Frédéric d'Agay avait également évoqué, lors d'une de nos conversations, le projet d'un film de Marc Allégret avec Saint-Exupéry. Avorté lui aussi. Mais l'on ignore si des documents en ont été conservés : la succession du cinéaste, ami proche de Gide, est pour l'instant difficilement accessible.

La diversification de Saint-Exupéry en direction du cinéma n'a pas réussi. Et l'on verra qu'il n'a pas eu beaucoup plus de chance avec les adaptations de ses propres livres à l'écran.

Rendez-vous manqués avec le cinéma

À partir des années 30, la vie d'Antoine de Saint-Exupéry s'emballe. Il semble se démultiplier, disperser son talent dans toutes les directions, comme un pilote privé de boussole en pleine tempête. Et il en est lui-même conscient : « Je me sens prisonnier et occupé à tresser des paniers d'osier, confie-t-il fin 1935 à l'une de ses correspondantes, quand je serais tellement plus utile et riche ailleurs. »

Il écrit bien sûr, même si, quoique sous contrat chez Gallimard depuis 1929 pour sept ouvrages, il ne publie plus de livre entre *Vol de nuit* (prix Femina 1931) et *Terre des hommes* (Grand Prix du roman de l'Académie française en 1939). En fait, il accumule les matériaux pour *Terre des hommes*, qui n'est ni un roman ni un récit, mais un recueil de textes épars et d'articles déjà parus dans la presse.

Il semble songer à ce qui deviendra *Le Petit Prince*, en esquissant le personnage dans des dessins.

Et il prend des notes pour *Le Caïd*, qui deviendra *Citadelle*.

Il pilote aussi, naturellement et, comme à son habitude, il se crashe : avec son hydravion Latécoère, à Saint-Raphaël, fin 1933 ; puis fin 1935, dans le désert de Lybie, sur son Caudron-Simoun tout neuf, lors d'un raid avec le mécanicien André Prévot pour tenter de battre le record Paris-Saigon ; et, plus sévèrement, en février 1938, sur un Simoun toujours et en compagnie du même André Prévot, il s'écrase à Guatemala City alors qu'ils tentaient de battre un autre record, entre New York et la Terre de Feu. Grièvement blessé, Saint-Exupéry reste plusieurs jours dans le coma, puis revient aux États-Unis pour sa convalescence. Il conservera jusqu'à sa mort des séquelles de cet accident.

Mais surtout, taraudé par de perpétuels soucis d'argent, l'écrivain-aviateur accepte de plus en plus de tâches alimentaires. À partir de 1932 et jusqu'à la guerre, il donne à *Marianne*, le journal que vient de créer Gaston Gallimard, des textes à la gloire de l'Aéropostale ou, plus généralement, sur l'aviation et ses héros, comme Mermoz (disparu en mer le 7 décembre 1936) ou Guillaumet (qui sera abattu en Méditerranée le 27 novembre 1940). En avril 1935, il effectue un reportage d'un mois à Moscou. Puis, en 1936 et 1937, deux reportages dans l'Espagne en guerre, l'un pour *L'Intransigeant*, l'autre pour *Paris-Soir*, auquel il collaborera jusqu'à la fin 1938.

« Saint-Ex était toujours dans la dèche », témoignera Françoise Giroud, qui fut son assistante en 1936 pour l'adaptation – et la scripte sur le tournage – de *Courrier Sud*. « Il avait le feu aux poches », confirmera Consuelo, plutôt mal placée pour donner à son Tonio des conseils en la matière : le couple mène grand train dans le bel appartement du 15, place Vauban, juste en face des Invalides, qu'il loue très cher à partir de juillet 1936.

En plus de ses jobs officiels, à l'Aéropostale, chez Latécoère puis à Air France, Saint-Exupéry va, durant six ou sept ans, « tresser des paniers » pour le cinéma. Plusieurs en même temps, et avec des fortunes diverses…

*

Première expérience, si l'on peut dire, l'adaptation de *Vol de nuit* par les Américains de la Metro-Goldwyn-Mayer : *Night Flight* sort à Paris en août 1934. Le film, pour lequel Saint-Exupéry n'a été en rien sollicité ni mis à contribution, est signé du très prolifique et inégal Clarence Brown, metteur en scène attitré de Garbo et l'homme de la MGM. Ce n'est pas un chef-d'œuvre, mais il remporte un succès certain et accroît la renommée de l'écrivain. Qu'il conforte dans sa tentation cinématographique.

Début 1933, Saint-Exupéry avait rédigé une première mouture du scénario d'*Anne-Marie*, une histoire d'amour assez emberlificotée qui se situe dans les milieux de l'aviation. L'héroïne est une jeune femme, fille d'un vieux commandant de la marine marchande en retraite. Ingénieur en aéronautique, inventeur de brevets, elle réussit brillamment son examen de vol dans un club dont les figures emblématiques s'appellent Le Paysan, Le Détective, L'Amoureux, Le Penseur et Le Boxeur, un groupe d'amis très soudés, dont certains présentent quelques points communs avec Saint-Ex lui-même. Il y a pas mal de péripéties, il est ainsi question d'un Inventeur amateur de rosiers, du record du monde de vitesse sur cinq mille kilomètres en circuit fermé réussi par Anne-Marie, d'un vol de nuit...

En 1935, Saint-Exupéry retravaille son scénario, et compose lui-même les dialogues du film, qui sera tourné et sort en salles la même année. Le réalisateur en est Raymond Bernard, le fils de Tristan, spécialiste des mises en scène à grand spectacle. Au générique, c'est Annabella[2] qui interprète le rôle-titre, tandis que Pierre-Richard Wilm joue L'Inventeur. Joli succès populaire, *Anne-Marie* sera même « novelisé » par un certain Jean d'Arjanse, et le résultat publié chez l'éditeur Tallandier.

Pour gagner sa vie, Saint-Exupéry avait été engagé en 1934, faute de place dans le personnel navigant, au « service de la propagande » (comme on disait à l'époque) de la toute jeune compagnie Air France (créée en 1933 à partir de la fusion d'autres compagnies et du rachat de l'Aéropostale). Il effectuera pour son employeur, jusqu'à la guerre, un certain nombre de missions, des tournées de conférences en France et à l'étranger, et collaborera même, en tant que conseiller technique, à deux courts métrages d'« entreprise » : *Week-end à Alger* (1934) et *Atlantique Sud* (1936).

*

Mais sa seule œuvre cinématographique d'envergure et aboutie sera l'adaptation à l'écran de son roman *Courrier Sud*, projet auquel il songeait dès 1931.

En 1936, son scénario – pour la rédaction duquel une toute jeune débutante, Françoise Giroud, dix-huit ans et un charme auquel Tonio ne reste pas insensible, l'a assisté – est communiqué au réalisateur Pierre Billon. Un solide artisan, qui signera des versions pas inintéressantes d'œuvres littéraires, dont un *Ruy Blas* d'après Victor Hugo, métamorphosé par Jean Cocteau en film de cape et d'épée ! Deux producteurs sont trouvés : André Aron et Édouard Corniglion-Molinier, aviateur, ami et compagnon de multiples aventures avec André Malraux. Le tournage a lieu en octobre 1936 au Maroc, à Mogador, l'actuelle Essaouira. Dans la distribution, on retrouve Pierre-Richard Wilm, entouré de Charles Vanel, Jany Holt et Gabrielle Dorziat. Saint-Exupéry assiste au tournage, et y impose Françoise Giroud, dont il s'est fait le chevalier servant. Il en suit les étapes et les péripéties. Donne des conseils et parfois un coup de main. Il supervise les plans de vol sur Latécoère, et double lui-même le héros, interprété par Pierre-Richard Wilm, dans les scènes périlleuses. Sans casse pour une fois !... Un formidable reportage est réalisé sur place, on l'a vu, par le photographe Limot, dont les clichés montrent tout l'intérêt passionné de l'aviateur-écrivain pour l'entreprise.

Le film, honorable et plutôt fidèle au roman, sort sur les écrans en 1937. Mais entre-temps, Mermoz est mort, l'Espagne à feu et à sang, et Saint-Exupéry, qui ne cesse de bouger, semble avoir d'autres centres d'intérêt, bien plus prégnants.

*

Cependant, ont survécu, rédigés dans ces mêmes années, plusieurs projets de films[3], tous restés à l'état de synopsis, ou au mieux de scénario.

Ainsi *Le Départ*, écrit en 1936. Quatorze feuillets manuscrits (la suite n'a pas été retrouvée : égarée, ou jamais écrite ?) et très raturés, où Saint-Exupéry transposait son raid manqué Paris-Saigon de 1935. Le héros s'appelle Jean Lucas, il est pilote sur Paris-

Londres. Il prépare lui aussi un raid, part au matin. Tout se déroule sans encombre, jusqu'à une panne dans les environs de Shanghai. Le pilote est sauvé et découvre une certaine réalité chinoise…

Igor, un tapuscrit de vingt feuillets que Saint-Exupéry confia à Pierre Billon à Nice en 1940, juste avant de partir pour les États-Unis. Un cas intéressant et atypique dans sa production, parce que le sujet n'a aucun rapport avec l'aviation. C'est plutôt un suspense. L'histoire se situe dans le port de Rio de Janeiro. L'inspecteur Schmidt enquête sur un certain Igor, déjà embarqué sur le paquebot *Santos* (lequel restera à quai durant tout le film). Schmidt est « descendu à coups de revolver », mais pas encore mort.

Tandis qu'Igor mène la grande vie sur le *Santos*, y rencontre une belle Américaine et un énigmatique baron flambeur au poker, un genre de Clappique, la police essaie d'obtenir à tout prix de l'inspecteur des informations pour coincer ce douteux personnage, avant que le paquebot n'appareille. Igor est un caïd qui manipule tout le monde, y compris des gangsters, ou une bohémienne qu'il a sauvée d'une épidémie. Quel sera le dénouement de ce huis clos exotique sur fond d'immigration clandestine et de trafics louches, de ce contre-la-montre assez tiré par les cheveux ? Le texte, lui, est demeuré inédit jusqu'en 1995[4].

Un avion s'est égaré..., non daté et non titré, retrace l'aventure d'un pilote et de son radio recueillis après un accident par des « Indiens sauvages » de chez qui ils tentent ensuite de s'échapper à plusieurs reprises. Mais une belle et envoûtante (au sens propre) indigène va venir bouleverser la destinée du pilote... On reconnaît ici une version transposée de son crash de 1938 au-dessus du Guatemala.

Voici encore, vraisemblablement écrit en 1940, *La Résurrection*, un tapuscrit de dix-sept feuillets qui raconte la sombre histoire de Sonia, « une cantatrice renommée, mais fière, réservée et indifférente à l'opinion publique », laquelle contamine d'une maladie grave les quinze cents émigrants qu'un navire ramène d'Amérique du Sud chez eux au Portugal, « faute de travail ». « Il pèse une malédiction sur ce voyage », remarque à un moment le commandant, ce que confirment les contrôles sanitaires lors du débarquement. Comment l'épidémie va-t-elle se développer, comment les autorités vont-elles réagir ? Et quel sera le destin de Sonia ?

À travers ces différentes tentatives cinématographiques plus ou moins abouties, plus ou moins convaincantes mais toutes mort-nées, on décèle chez Saint-Exupéry une double direction de travail : transmettre au public des salles obscures sa passion et sa connaissance de l'aviation, à travers des histoires plus ou moins autobiographiques ; ou bien inventer de toutes pièces des drames humains où l'intéressent surtout les ambiances (essentiellement maritimes et médicales) et la psychologie torturée des personnages.

*

Mais, dans cette saga à rebondissements de Saint-Ex avec le cinéma, l'épisode le plus navrant est celui de l'adaptation avortée de *Terre des hommes* par Jean Renoir.

Les deux hommes, qui ne se connaissaient pas vraiment, se retrouvent par hasard sur le même paquebot, le *Siboney*, qui quitte Lisbonne à destination de New York à la fin décembre 1940. Ils y partagent la même cabine ! Outre leur physique de colosse, un certain nombre d'idées communes et une commune indépendance d'esprit, un autre hasard incroyable les rapproche : Renoir, plus âgé de six ans que Saint-Ex (né en 1894, il mourra à Beverly Hills en 1979), est aussi un passionné d'aviation. Il se trouve qu'il a accompli son baptême de l'air sur le même aérodrome que lui, à Ambérieu-en-Bugey. Il a effectué des vols d'observation durant la Grande Guerre, mission interrompue par un grave accident qui le renvoie dans ses foyers. Ça ne s'invente pas… Dans *La Grande Illusion* (1937), c'est sa propre vieille combinaison de pilote qu'il avait prêtée à Jean Gabin ! On imagine de quoi les deux nouveaux amis ont pu parler durant leur morne voyage.

Saint-Exupéry offre un exemplaire de *Terre des hommes* à Jean Renoir, qui en reste, selon ses propres mots, « sur le derrière[5] ». À leur arrivée à New York, le 31 décembre 1940, les deux compères ont tout naturellement échafaudé le projet d'une adaptation cinématographique du livre.

Publié simultanément en France et aux États-Unis début 1939, *Terre des hommes* était paru sous son titre anglais, *Wind, Sand and Stars*, chez Reynal & Hitchcock. Dans une version sensiblement différente de l'édition sortie chez Gallimard : plus longue, et comportant un chapitre en plus, « Les puissances naturelles », rédigé exprès par Saint-Exupéry à New York durant l'été 1938, lequel ne sera pas, faute de temps, intégré dans l'édition française. Le livre avait connu outre-Atlantique un immense succès de librairie : deux cent cinquante mille exemplaires vendus, et le National Book Award 1939 décerné à son auteur, lequel était une plus grande vedette aux États-Unis qu'en France. Avec de substantiels revenus à la clé…

Le travail sur le scénario va pas mal occuper les deux artistes durant l'année 1941, même séparés géographiquement : le cinéaste s'est installé à Hollywood, où il est sous contrat avec la Twentieth

Century Fox ; l'écrivain vit en exil à New York depuis quelques semaines.

Tandis que Renoir tente de faire lire le livre, en anglais *of course* et sans succès apparemment, au fameux producteur Darryl F. Zanuck, Saint-Exupéry, de son côté, se bagarre avec un dictaphone sur lequel il enregistre (puis grave, sur dix disques en gomme-laque de trente centimètres) une adaptation de son livre, qu'il expédie ensuite à Renoir. Dès le début, les deux amis ont en effet bien conscience que *Wind, Sand and Stars* « n'est pas un roman, et [qu'] il est difficile d'en faire un synopsis ». Ils sont donc tombés d'accord que le film devra être autre chose, une création originale, « non plus réellement *Terre des hommes* dans sa forme livresque, mais plutôt l'histoire d'un pilote qui gagne des batailles, relie les hommes, quitte les oasis et les jeunes filles pour son devoir de pilote et d'homme[6] », résume Frédéric d'Agay, petit-neveu de l'écrivain.

Saint-Exupéry, qui met beaucoup de son vécu personnel dans cette nouvelle version, y travaille avec conscience. En s'adressant directement à son interlocuteur, familièrement, comme s'il racontait une histoire à un vieux copain. Et non sans humour : « Ça c'est embêtant, j'ai une cigarette et j'ai pas d'feu. Dites donc, Jean Renoir, si vous étiez gentil, vous me rendriez un service, vous me passeriez une allumette, parce que j'ai une cigarette mais pas d'feu. C'est le supplice de Tantale.

« Ah bah ! Si vous pouvez pas, vous pouvez pas ! Bon, alors je réenchaîne mon histoire. Tant pis pour ma cigarette !

« La troisième partie, elle, se trouve en Afrique[7]… »

Au printemps de 1941, Saint-Ex se rendra même en Californie, afin, entre autres, de retrouver Renoir et de faire avancer leur entreprise. Mais le projet, comme si souvent au cinéma, finit, après bien des vicissitudes, par capoter, au grand dam et découragement des deux complices. Renoir regrettera toujours ce qui aurait été, selon lui, « le plus beau film de [sa] vie ». Quant à Saint-Exupéry, pourtant avare de compliments, il considérait Renoir comme « un des hommes de cette planète pour lequel j'ai le plus d'amitié et le plus d'estime, parfaitement capable de tirer de *Terre des hommes* quelque chose de gigantesque[8] ». Hollywood en a décidé autrement. De la collaboration entre deux génies, Renoir et Saint-Exupéry (comme, plus tard, et avorté lui aussi, d'un projet de collaboration avec Orson Welles !), aurait pu naître un chef-d'œuvre. L'histoire du cinéma l'a sans aucun doute manqué.

Mais celle de la littérature en a gagné un : *Pilote de guerre*, qui paraît d'abord aux États-Unis en février 1942 sous son titre anglais, *Flight to Arras*. L'édition française de Gallimard ne paraissant, elle, que le 27 novembre 1942. Et le livre est interdit par Vichy quelques semaines après…

Reynal & Hitchcock, ses éditeurs américains chez qui Saint-Exupéry était sous contrat, étaient parvenus à le convaincre de cesser de se disperser et de revenir à l'essentiel : son œuvre littéraire.

IV

Au fil de mon enquête, se produisirent des rencontres aussi riches qu'inattendues. Par exemple, c'est grâce à Saint-Exupéry que j'ai fait la connaissance de la famille Claudel, piste que m'avait déjà indiquée la comtesse Bouët-Willaumez.

Un matin, coup de téléphone.

« Bonjour, c'est François Claudel, petit-fils de Paul... »

Spontanément, je me demande ce que ce monsieur peut bien me vouloir. Je n'ai pas écrit récemment d'article concernant son grand-père. Il arrive parfois que, connaissant mon goût pour notre patrimoine littéraire et quelques-uns de mes travaux, des ayants droit me contactent. Certains sont même devenus des amis. Mais, côté Claudel, non, je ne vois pas. Le bonhomme ne m'a jamais été sympathique, trop dogmatique, trop officiel, et son œuvre ne fait pas partie de mes lectures de chevet. Laissons venir...

« Voilà. J'ai lu avec plaisir les premiers articles de votre série consacrée à Saint-Exupéry dans *Le Figaro*. Je voulais vous signaler que mes parents et ma sœur aînée ont bien connu Saint-Exupéry à New York pendant la guerre, et que si nous pouvons vous aider, c'est bien volontiers... »

Mais, comment donc. Tout le plaisir est pour moi...

J'ai d'abord rencontré François Claudel.

Un homme ouvert, chaleureux, bon vivant, qui connaît bien toute cette histoire dans laquelle il a baigné depuis l'enfance, même s'il ne l'a pas directement vécue puisqu'il est né, lui, après la guerre. François me résume à grandes lignes la relation entre sa famille et Saint-Ex. Et m'invite à aller voir son père Henri, d'accord pour me recevoir et apporter son témoignage pour la première fois. Puis, ce serait important, afin de compléter l'histoire, que je rencontre sa sœur, Marie-Sygne. Qui vit en Angleterre.

Nous voici donc partis pour Chatou, un beau matin. Où nous accueille Henri Claudel, quatre-vingt-dix-sept ans, le deuxième fils de Paul, dans sa belle demeure ancienne, qui surplombe ce coin de Seine adopté par les Impressionnistes, encore assez préservé. C'est un vieux monsieur, qui jouit d'une mémoire exceptionnelle, s'exprime d'une voix ferme, sans hésitation. On sent l'homme de caractère. Passionné d'aviation, Henri Claudel, à quinze ans, avait reçu son baptême de l'air par Lindbergh en personne. Jusqu'à la guerre, il était directeur administratif chez Gnome et Rhône, constructeur aéronautique qui fabriquait notamment le K-7 300 V avec lequel Malraux s'était lancé à la recherche de la capitale de la reine de Saba ! En 1941, il est parti rejoindre la France libre. Passant par l'Espagne et le Portugal, il est parvenu aux États-Unis, où son père avait été ambassadeur en 1924. Reprenant à sa façon la tradition, il joue à Washington et à New York, où il s'est installé, le rôle d'ambassadeur officieux de la France libre. Il fréquente et reçoit tous les Français « importants » vivant aux États-Unis ou de passage.

C'est ainsi qu'il voit un jour de 1941 débarquer chez lui un grand escogriffe très célèbre, Antoine de Saint-Exupéry. Même s'ils divergent en matière d'idées politiques, les deux hommes s'apprécient, et les relations sont chaleureuses. Leur passion pour l'aviation les rassemble. Durant plusieurs mois, Saint-Ex aura un peu table ouverte chez les Claudel, exigeant sa grillade « bleue à l'intérieur ». Il vient le soir, toujours seul, parle de choses et d'autres, « jamais de son œuvre, ni de Consuelo », précise Henri Claudel, et reste souvent tard. Et il prend plaisir à discuter et à jouer avec la toute jeune Marie-Sygne, fille du couple Claudel, pour qui il fabrique des hélicoptères en papier qu'ils s'en vont jeter du haut de l'Empire State Building. Pour faire plaisir à la petite fille, il invente aussi des histoires qu'il dessine sur tous les morceaux de papier qui lui tombent sous la main. « On en a beaucoup jeté », dit Henri Claudel. Marie-Sygne, elle, en a heureusement conservé quelques-uns.

Maintenant que j'avais vu le patriarche du clan Claudel et reçu sa bénédiction, je pouvais demander à rencontrer Marie-Sygne.

François, encore une fois, a la gentillesse de jouer les *go-between*, et me donne les numéros de téléphone de sa sœur. J'appelle, un peu intimidé. L'accueil est modeste et charmant : « Je crains de ne guère pouvoir vous aider, mais je vous recevrai avec plaisir. Et vous montrerai les dessins de Saint-Exupéry, qui sont à Londres. » Rendez-vous est donc pris à Londres, un 14 juillet. Ça ne s'invente pas.

Marie-Sygne Claudel, née en 1937 dans un « milieu cosmopolite », a épousé il y a cinquante ans Lord Christopher Northbourne, gentleman-farmer spécialiste de la PAC (la Politique agricole commune) et parlementaire, membre de la Chambre des Lords et Pairs du Royaume. « Mon mari est l'un des quatre-vingt-dix Lords épargnés par la récente réforme de Tony Blair », signale Lady Northbourne. Elle me reçoit dans son appartement de Belgravia, non loin de Buckingham Palace. L'un des quartiers les plus aristocratiques et les plus huppés de Londres. Des immeubles blancs victoriens à colonnades, tous semblables, avec, à l'arrière, ces *mews* qui font courir tous les bobos de la ville. C'étaient à l'origine les écuries, ce sont maintenant de petites maisons particulières avec jardin, dans de calmes rues pavées. Garées devant les portes, Mercedes, Aston Martin, Bentley, Jaguar. Deux ou trois Rolls...

L'appartement est très confortable, très cossu, *of course*. Au mur du salon, les portraits de quelques ancêtres Northbourne. Lord Christopher et Lady Marie-Sygne vivent entre Londres et leur maison à la campagne, non loin de Douvres. Et près du château de famille, si immense qu'un aïeul de l'actuel Lord l'a transformé en école privée. Marie-Sygne, pour sa part, y a imposé l'enseignement du français, dont elle s'occupe activement. Si elle parle volontiers de son illustre grand-père, elle préfère presque évoquer Saint-Exupéry, les quelques souvenirs qu'elle garde du bonhomme, son immense admiration pour son œuvre. Et elle éprouve toujours du plaisir et de l'émotion à montrer à l'invité ses fameux dessins, qu'elle a même accompagnés il y a quelques années pour une exposition au Japon ! Pas question de s'en séparer trop longtemps : voilà bientôt soixante-dix ans qu'ils sont accrochés au mur de sa chambre, veillant sur le sommeil de la « petite princesse » qui avait séduit un grand diable d'aviateur-écrivain-dessinateur.

Les secrets du *Petit Prince*

Publié à New York, chez Reynal & Hitchcock, d'abord en anglais le 6 avril 1943, quelques jours plus tard en français, le Petit Prince est-il citoyen américain, ou français ? Longtemps, chez les biographes et les exégètes de Saint-Exupéry, une thèse prévalut : *Le Petit Prince* aurait été inventé, écrit et dessiné aux États-Unis, durant l'année 1942. Et le livre serait une commande, un conte de Noël à l'intention des enfants américains, puis français, destiné, peut-être, à leur faire oublier les angoisses d'une guerre menaçante pour les uns, vécue par les autres.

Oui, mais voilà. Depuis quelques années, grâce à des chercheurs transformés en véritables détectives eu égard à l'ampleur du « dossier », notre connaissance de la vie et de l'œuvre de l'écrivain-aviateur a beaucoup progressé. Et le processus de création du

Petit Prince s'est éclairé de jours nouveaux, qui nous permettent de mieux cerner sa réalité.

Le livre, donc, paraît en 1943. Mais croire à une genèse et à une rédaction aussi rapide et spontanée (quelques mois à peine) serait mal connaître la façon de travailler de Saint-Exupéry, qui mûrissait longuement ses ouvrages, plusieurs fois les remettait sur le métier : existent au moins quatre états du texte du *Petit Prince*, manuscrits ou dactylographiés, sans compter celui que possédaient Pierre Lazareff et sa femme Hélène, qui furent de ceux qui accueillirent à New York et entourèrent de leur amitié l'écrivain en exil – et qui ne s'y habitua jamais. Tous les témoins de l'époque insistent par exemple sur le fait qu'il se refusa toujours à apprendre l'anglais, comme pour s'autopersuader que son passage aux États-Unis serait bref, et réaffirmer sa « francité » à un moment où la patrie était aux mains des nazis et de leurs valets.

On sait aussi, depuis que la « poésie graphique » de Saint-Exupéry a été recensée et officiellement intégrée à son œuvre[1], que, dès les années 30, naquit et revint régulièrement sous la mine de son crayon à papier un personnage de petit garçon, les cheveux ébouriffés et parfois revêtu d'une longue cape, lequel ressemble comme deux gouttes d'eau à son futur héros.

Enfin, un témoignage troublant nous est parvenu, celui de l'imprimeur-éditeur tourangeau Mame, qui avait fait la connaissance de Saint-Exupéry en 1939 grâce à leur amie commune Nelly de Vogüé : « Il était en train d'écrire une histoire pour les enfants, qui devait renouveler sa plume. Nous avons été d'accord avec Gaston Gallimard et Jean Paulhan pour publier ce livre exceptionnellement chez Mame. Il s'agissait du *Petit Prince*. Malheureusement, le bombardement de Tours, en 1940, devait en décider autrement et annuler ce projet, comme tant d'autres[2]. » Ainsi, Saint-Exupéry, qui avait en tête depuis longtemps un personnage de « petit bonhomme », aurait écrit une première version de son conte en France, avant la guerre, et l'aurait alors simplement reconstitué plus tard, aux États-Unis. L'hypothèse est à l'évidence séduisante et plausible, mais hélas invérifiable pour l'instant : les archives de Mame ont disparu sous les bombes. Quant à celles de Nelly de Vogüé, elles ont été déposées par elle à la Bibliothèque nationale, avec un embargo de cinquante ans après sa mort...

Ce qui est certain, en revanche, c'est que, durant l'été 1942, Saint-Exupéry, sur les amicales sollicitations de son agent Maximilian Becker et de son traducteur Lewis Galantière (lequel, pour des raisons que l'on ne parvient pas encore à s'expliquer, ne traduisit justement pas *Le Petit Prince*), travaille à son « conte pour enfants ». Et décide qu'il sera illustré. Après avoir d'abord songé à son copain le peintre Bernard Lamotte (auteur des illustrations de *Flight to Arras*) qui réalise même quelques essais, l'écrivain décide d'illustrer son texte, dessins et récit se mêlant de façon consubstantielle, comme presque toujours chez lui, et ce, depuis ses tout premiers manuscrits.

Le Petit Prince l'habite, le hante. Il multiplie les croquis, les esquisses. Tous ceux qui l'ont côtoyé à ce moment-là le revoient dessinant tout le temps. Ainsi Pierre Lazareff. Ou encore la famille Claudel.

Henri Claudel, né en 1912, « diplomate parallèle et en terrain miné », dit joliment son fils François, représentait la France libre à Washington et s'occupait, dans un contexte particulièrement compliqué, des territoires de l'« Empire français » qui avaient rallié la France libre.

« C'est Pierre Lazareff qui m'avait présenté Saint-Exupéry, dit-il. Je l'ai beaucoup apprécié, et vu presque tous les jours jusqu'à son départ, au printemps 43. Comme j'avais, avant la guerre, travaillé dans l'aéronautique, nous avions un terrain de conversation tout trouvé ! Quoique très célèbre aux États-Unis, il était très discret, il ne parlait pas de son œuvre. En fait, nous ne parlions que de politique. Et moi, cent pour cent gaulliste, ça m'agaçait horriblement que Saint-Exupéry ne veuille pas rallier de Gaulle. On s'est disputés souvent à ce sujet... C'était quelqu'un de charmant, gai, plein d'esprit, avec un tas d'idées. Mais il avait du mal à écrire, travaillant plutôt la nuit. Quelquefois, il vous téléphonait, à n'importe quelle heure, pour vous raconter ce qu'il était en train d'écrire. »

Turbulent, un peu envahissant, désœuvré aussi, Saint-Exupéry a besoin d'être « canalisé », et son esprit distrait des idées noires qu'il remâche sans cesse à propos de la France, de la guerre, de sa propre impuissance à y prendre part, de ce pays d'exil où il se sent si mal. Quelques-uns de ses amis s'y emploient, dont Henri Claudel. Et l'aiguillent peut-être vers « autre chose », pourquoi pas un conte pour enfants un peu dans le style d'*Alice au pays des merveilles* ? L'écrivain-dessinateur se met alors au travail, péniblement, et noircit beaucoup de papier.

C'est ce dont témoigne une des lectrices privilégiées du *Petit Prince*, peut-être même la première ! Elle s'appelle Marie-Sygne Claudel – « Avec un S, explique-t-elle, en référence au personnage de Sygne de Coûfontaine dans la pièce *Le Père humilié*, de Paul Claudel. Mon grand-père trouvait, non sans raison, qu'un cou de cygne ressemble plutôt à un S qu'à un C ! »

Née en 1937, Marie-Sygne, fille d'Henri, était toute jeune lorsqu'elle fit la connaissance de Saint-Exupéry chez ses parents. Elle se souvient qu'il lui racontait des histoires pour la calmer, et que « *Le Petit Prince* lui trottait dans la tête. Il testait son histoire sur les enfants de son entourage ».

Marie-Sygne fit donc partie de ce public élu. Pour elle, Saint-Ex invente aussi de petits contes et les illustre. « Il avait toujours des blocs de papier avec lui, poursuit-elle, et il dessinait sans arrêt au crayon des croquis, qu'il fichait ensuite à la poubelle. Ceux que je possède aujourd'hui, c'est ma mère qui les a sauvés. »

En effet, depuis toutes ces années, Marie-Sygne Claudel – aujourd'hui Lady Northbourne – vit avec, encadrés au mur de sa chambre, sept dessins de son vieil ami, qu'elle montre non sans un vif plaisir.

Trois font directement référence au *Petit Prince*. L'un représente un boa avalant un renard, lequel se transformera dans le livre en éléphant ! Un autre représente le Petit Prince lui-même. Ils ne comportent pas de légendes. Un troisième, celui-là aquarellé en couleurs, montre aussi un Petit Prince, avec en mains une sorte de filet à papillons, et dit : « Il est bien triste, il voulait prendre une Marie-Sygne mais il n'aperçoit que des mouettes… » Les quatre autres, enfin, forment une courte histoire autonome, dont le héros est aussi un petit garçon, mais pas le Petit Prince.

1 : « Ça c'est le portrait, explique l'auteur commentant ses dessins, du petit garçon à qui Marie Sygne ne plaît pas – mais il ne plaît pas non plus à Marie-Cygne. Alors ça va. »

2 : « Ça c'est un petit garçon qui appelle Marie Cygne. »

3 : « Ça c'est un petit garçon à qui Marie Cygne ne plaît pas. Alors il s'en va. »

4 : « Ça c'est l'étoile que Marie Sygne habitait avant sa naissance. Depuis que Marie Sygne en est partie l'étoile s'est éteinte. »

Tous les dessins sont signés et dédicacés, « son ami Saint Exupéry[3] ».

On remarquera l'absence de trait d'union dans son nom, ainsi qu'il l'orthographiait lui-même, et ses hésitations quant à la graphie du prénom inouï de sa jeune amie ! On aura noté aussi, dans le dernier dessin de la série, la référence à l'intrigue du conte qu'il est en train d'écrire.

Peut-être Saint-Exupéry a-t-il prêté certains traits ou mots de la petite Claudel à son personnage. Ou peut-être est-ce l'inverse. Toujours est-il que, de ce dialogue unique entre un grand diable d'homme un peu triste et assez abîmé, un écrivain qui avait su préserver en lui sa part d'enfance et une petite fille de quatre-cinq ans, témoignent quelques dessins qu'il a faits pour elle, où son Petit Prince lui sert de porte-parole. « J'ai vécu toute ma vie avec ces dessins, conclut Marie-Sygne Claudel, et *Le Petit Prince* est toujours mon livre de chevet. Je regrette même de n'avoir pas quelques années de plus, j'aurais ainsi des souvenirs plus nets de Saint-Exupéry ! »

L'écrivain-dessinateur réutilisera peu de temps après, on l'a vu, son personnage. En mai 1943, en Algérie, lorsqu'il écrira à cette « Inconnue » qu'il désirait séduire et qui semblait ne pas vouloir répondre à ses avances ni à ses messages, c'est son héros qui exprimera son chagrin, sa colère. Avant de s'effacer.

Mais Le Petit Prince a vécu une exceptionnelle existence de papier, devenant plus célèbre que son créateur. Il a même tendance, comme l'arbre qui cache la forêt, à faire de l'ombre au reste de l'œuvre. Depuis 1946, date de sa première édition française (et posthume) chez Gallimard, le « conte poétique » de Saint-Exupéry s'est vendu à cent trente millions d'exemplaires dans deux cent dix langues, toutes éditions confondues [4].

Un phénomène sans équivalent.

V

Une nouvelle fois, c'est d'une photographie que tout est parti. Un magnifique portrait de Saint-Exupéry exécuté en 1942, à Montréal, par Annette et Basil Hardmann (le nom est difficile à identifier), un peu dans le genre Studio Harcourt. L'écrivain y pose de trois quarts face, dans une espèce de *sfumato*. Il a sur les lèvres un léger sourire, à la fois touchant et désabusé. Il faut dire que les circonstances de son séjour à Montréal, on le verra, étaient plutôt éprouvantes…

La photo appartient aux collections de l'Espace Saint-Exupéry, à Paris, elle était inédite, et, je le pensais, unique. Dans l'angle supérieur gauche, en diagonale, figure une dédicace, dont l'encre noire s'est estompée avec le temps et en rend la lecture malaisée :

« À Madeleine X [nous n'avions pu déchiffrer le nom de famille], dont le mari Henri est un frère pour moi. Avec toute ma joie de l'avoir retrouvée à Montréal, et ma vieille et profonde amitié. Antoine de Saint-Exupéry »

J'ai donc publié la photo dans *Le Figaro*, en notant « dédicacée à une certaine Madeleine, dont on ignore qui elle était ». Mon ignorance ne fut que provisoire. J'ai en effet reçu, peu après la parution de l'épisode « montréalais » de mon feuilleton, une lettre d'un M. Jean-Claude Monnet. Lequel raconte avoir été hébergé, en 1946-1947, à Paris, par ses oncle et tante Henri et Madeleine Monnet. « Dans le salon de mes hôtes figurait en évidence la photo dédicacée d'Antoine de Saint-Exupéry », poursuit mon correspondant, qui avait, le 26 octobre 1946, reproduit la photo et la dédicace dans un « mauvais dessin » au crayon, dont il me joignait la copie. Probante. C'était bien la même photo, avec la même dédicace. Saint-Exupéry avait donc signé les deux exemplaires. Et, partant, les dédicataires se trouvaient identifiés.

« Madeleine Monnet, née Beaudry, explique aimablement son neveu, avait passé une grande partie de la guerre 1940-1945 à Montréal, au Canada, dont elle était originaire, cependant que son époux, le colonel Henri Monnet, rejoignait en 1944 le bataillon de l'Armagnac dans le maquis du Gers. Après le débarquement anglo-américain en Afrique du Nord, Madeleine Beaudry avait rejoint Alger en qualité de chef de "The French Radio

News Desk" et avait eu l'occasion d'y rencontrer à nouveau Antoine de Saint-Exupéry. »

Jean-Claude Monnet joignait aussi à sa lettre une copie de la nomination de Madeleine Beaudry, le 8 mai 1944, par le capitaine J. Borden, du quartier général des forces alliées basé à Naples, division du « Bien-être psychologique », à son poste. Quant à Henri Monnet, banquier et petit-fils de sénateur, il « a terminé sa brillante carrière en qualité de conseiller constitutionnel nommé par Jacques Chaban-Delmas ».

Un petit mystère se trouvait élucidé, et j'avais pris goût aux miracles. Restait à essayer de comprendre ce que Saint-Exupéry était allé faire dans cette galère montréalaise, et pourquoi un simple séjour de quarante-huit heures s'est transformé en plusieurs semaines de cauchemar et d'angoisse. De là à y voir un « complot » machiné contre lui par ses « ennemis politiques », il n'y a qu'un pas.

« Complot gaulliste » à Montréal ?

L'épisode du « séjour forcé » d'Antoine de Saint-Exupéry à Montréal, au printemps 1942, tel qu'on peut tenter de le reconstituer, est l'un des plus abracadabrants d'une existence pourtant riche en matière romanesque. Une période aussi qu'il a extrêmement mal vécue, dont il a gardé un souvenir humiliant et une solide rancune, un rien paranoïaque, envers ceux qu'il en rendait responsables.

C'est à la demande pressante et réitérée de Bernard Valiquette, son éditeur canadien qui publiera *Pilote de guerre*, que l'écrivain se décide à accepter l'invitation. Des liens l'unissaient déjà au Canada : ses grands livres, *Courrier Sud*, *Vol de nuit*, *Terre des hommes*, y avaient été publiés, y compris, depuis le début de la guerre, dans des éditions « pirates ». De parfaits fac-similés des éditions françaises de chez Gallimard, avec le visa de la censure allemande, mais aussi la mention « Imprimé au

Canada/Printed in Canada ». Et, quelques mois après, paraîtrait aux Éditions Variétés, de Montréal, le livre d'une Canadienne, une certaine Helen Mackay, *La France que j'aime*, que Saint-Exupéry avait accepté de préfacer. Un court texte, empreint d'émotion patriotique, complètement oublié depuis 1942.

« Helen Mackay a longtemps vécu en France. À l'heure du désastre elle s'est dévouée de toutes ses forces à soulager les misères des Français. Et voici qu'aujourd'hui elle se souvient de cette France, non comme l'on se souvient d'ordinaire d'un pays, mais comme elle se souviendrait d'un son de voix ou d'un visage particulier. Comme on se souviendrait d'un ami qui vous aurait converti.

« Helen Mackay rend ainsi à mon pays un hommage extraordinaire puisque, malgré la défaite, malgré le silence, il demeure si vivant qu'il continue ainsi d'inquiéter le cœur [1]. »

Le 28 avril 1942, Saint-Exupéry se rend donc, de New York où il habitait depuis son arrivée aux États-Unis fin 1940, à Montréal. En train ou en avion, suivant ses différents biographes américains. Seul : son épouse Consuelo, de qui il était plus ou moins séparé depuis 1938, avait bien rejoint son Tonio au début de l'année, mais refusé de l'accompagner. Et surtout, il voyageait sans visa !

D'après lui, son départ s'était décidé de façon précipitée, et, tant ses éditeurs américains, Eugene

Reynal et Curtice Hitchcock, que son agent littéraire Maximilian Becker avaient reçu des assurances formelles, et du Département d'état à Washington et de la légation du Canada aux États-Unis, que tout était absolument en règle. Et puis, l'écrivain ne devait séjourner que quarante-huit heures à Montréal, y donner ses deux conférences et s'en retourner. En principe.

Dès son arrivée, Saint-Exupéry s'installe à l'hôtel Windsor – où il passera d'ailleurs le plus clair de son temps. Il donne une conférence de presse où, à la grande déception des journalistes présents qui tentaient de l'attirer sur le terrain politique, voire polémique, il tient des propos fort modérés. Et aborde surtout un sujet complètement déconnecté de l'actualité, mais qui semble lui tenir très à cœur : l'écrivain et son travail sur la syntaxe ! Il accorde aussi des interviews particulières, notamment à Pierre Baillergeon de *L'Amérique française*. Et il prononce ses conférences.

Nous n'en connaissons pas le contenu exact, mais la teneur générale, grâce à quelques témoignages du public. Ainsi celui d'Annette Doré, une anonyme dans la salle. Elle se montre d'abord impressionnée par le physique de Saint-Ex, sa prestance, sa mélancolie. Et ses talents de chanteur !

« Ce grand garçon si curieusement balancé, au torse énorme, dont la carrure donnait une telle impression de force, et qui à deux mètres d'altitude portait une tête de batracien rêveur, je n'oublierai jamais comme il chantait. [...] Je le revois. Debout, les mains enfoncées dans les poches de son veston, il était peu à peu non pas agité par le rythme, mais balancé sur la vague de la mélodie. »

Dans ses propos, toujours d'après une Annette Doré subjuguée, l'écrivain désamorce les pièges qu'on lui tend, refusant de parler de politique, de ses opinions et positions : « Étranger à la chamaille, [il] s'attachait seulement, mais avec une probité scrupuleuse, à rendre compte du drame dont il sortait à peine : "Je n'ajouterai pas à ce qui défait", avait-il dit. »

Ses opinions, il les exprimera dans sa *Lettre aux Français*[2], qui paraît d'abord en français dans *Le Canada* de Montréal, le 20 novembre 1942, puis en anglais dans *The New York Times Magazine*, le 29. Prenant acte que toute la France est désormais occupée par les Allemands, et que donc « Vichy est mort », Saint-Exupéry appelle ses compatriotes à l'union sacrée : « Français, réconcilions-nous pour servir. » Revenant sur le passé récent du pays, ses « litiges » qui nous ont valu tant de « haines », l'écrivain, qui « caresse le seul rêve de retrouver à Tunis [ses] camarades du groupe 2/33 » afin de reprendre le service actif, invite les Français à « obéir à des chefs militaires plutôt qu'à des chefs politiques », dont la seule ambition est de servir la patrie. « Nous savons du général de Gaulle, comme du général Giraud, ce qu'ils pensent sur l'autorité, écrit-il : ils servent. » Et il appelle enfin tous les Français, afin de hâter l'entrée en guerre des États-Unis aux côtés de l'Europe meurtrie, à expédier au Département d'État, à Washington, « un télégramme de ce genre-ci » : « Nous sollicitons l'honneur de servir sous quelque forme que ce soit. Nous souhaitons la mobilisation militaire de tous les Français des États-Unis. Nous acceptons d'avance toute structure qui sera jugée la plus souhaitable. Mais haïssant tout esprit de division entre Français nous la souhaitons simplement extérieure à la politique. »

On ignore combien M. Cordell Hull, le secrétaire d'État américain, reçut de télégrammes suscités par cette *Lettre*. Ce qu'on sait, en revanche, c'est qu'elle ne fit pas l'unanimité parmi les Français.

Côté gaulliste, Jacques Maritain, par exemple, exprime son désaccord avec Saint-Exupéry sur de nombreux points dès le 19 décembre 1942 dans *Pour la victoire*, l'hebdomadaire des Français d'Amérique. Il l'y accuse, entre autres, d'« indulgence » vis-à-vis de Vichy et des profondes divisions entre Français, d'« être très peu informé du travail de résistance qui se fait en France et de l'état d'esprit des Français ». Et se range, lui, résolument derrière de Gaulle, qui « avec quelques compagnons [...] a relevé l'honneur de la France ».

Et l'on verra que, du côté de Vichy, le texte n'avait pas non plus été très apprécié.

*

Mais revenons à Montréal, où Annette Doré conclut : « En tout, Saint-Exupéry atteignait *l'essentiel.* » Et l'essentiel, c'est alors pour lui la littérature, dont il expose sa conception, interviewé dans le quotidien *La Presse*, le 29 avril 1942 : « J'ai horreur de la littérature pour la littérature. Pour avoir vécu ardemment, j'ai pu écrire des faits concrets. C'est le métier qui a délimité mon devoir d'écrivain. »

Quant à son « devoir de conférencier », mission accomplie. Saint-Exupéry n'a plus qu'à regagner son ennui new-yorkais.

C'est alors que l'histoire s'affole.

*

Les autorités canadiennes « découvrent » tout à coup que le visa de leur visiteur, pourtant illustre et dont ni l'arrivée ni le séjour, largement relayés dans les médias, ne sont passés inaperçus, n'est pas en règle. On informe donc Saint-Exupéry officiellement et dans la plus pure logique administrative, que, dans ces conditions, il n'est pas question pour lui de rentrer aux États-Unis.

Et que la régularisation de sa situation pourrait prendre jusqu'à six mois !

Et l'affaire de traîner en longueur. Première phase : deux semaines d'imbroglio, au cours desquelles Valiquette s'occupe du cas de son auteur, tentant de le faire « libérer ». Deux semaines durant lesquelles Saint-Exupéry se sent comme un « double exilé » qui vivrait un cauchemar. Claquemuré dans sa chambre de l'hôtel Windsor, à quoi occupe-t-il son temps ? Il bombarde ses éditeurs américains de lettres, tour à tour pleines de reproches, comminatoires et désespérées : « Je suis absolument malade d'angoisse, écrit-il ainsi à Curtice Hitchcock. J'ai des crises de foie toutes les nuits[3]. » Il rumine les préparatifs de son départ à New York, se repasse le film des circonstances, afin de prouver qu'il ne s'est en aucun cas conduit avec légèreté et que, dans la mésaventure qui lui arrive, personne n'a rien à lui reprocher. Il tempête, comme un lion en cage. Et, quand il se rend compte qu'il exagère, qu'il pourrait lasser la patience de ses amis pourtant les mieux disposés à son égard, il s'excuse, mais à peine. Il écrit aussi d'autres lettres, bien plus tendres, à Silvia Hamilton et/ou Natalie Paley, deux de ses flirts américains dont nous avons déjà fait la connaissance. Et il poursuit la rédaction de *Citadelle*. Et puis, deuxième phase, il tombe même malade : il doit rester alité deux semaines, à cause d'une méchante cholécystite. En fait de « crises de foie », c'est de la vésicule biliaire qu'il souffre. Entre autres maux...

*

En tout, la « rétention » de Saint-Exupéry au Canada aura duré cinq semaines. Pour cause de pesanteurs et de lenteurs administratives, surtout en ces temps de guerre. Mais pour lui, aucun doute : il était la victime d'un « complot gaulliste ». Des partisans de De Gaulle à Washington auraient imaginé ce moyen pour lui nuire, le placer dans une position difficile, voire l'empêcher de rentrer aux États-Unis.

Il existait incontestablement un contentieux entre certains gaullistes et Saint-Exupéry : à cause de sa prévention contre le général, qu'il traita un temps de « dictateur », de ses refus réitérés de se rallier à la France libre, où il comptait pourtant nombre d'amis, comme Henri Claudel. Mais surtout, l'écrivain demeurait suspect à leurs yeux – et une certaine partie de la critique, bien après la guerre, poursuivra ce mauvais procès – à cause de sa prétendue nomination au Conseil national par le gouvernement de Vichy, début 1941. Pitoyable tentative du « nouveau régime » pour se rallier les intellectuels, écrivains, scientifiques les plus éminents et obtenir ainsi leur *quitus* pour sa politique.

Dès le 31 janvier 1941, Saint-Exupéry avait fermement et publiquement récusé cette « distinction », dans une déclaration au *New York Times*.

Les plumes stipendiées par la collaboration, elles, ne s'y trompèrent pas qui, dès novembre 1942 et la publication en France de *Pilote de guerre*, reçurent le livre pour ce qu'il était : un acte de résistance. Et de se déchaîner contre son auteur : « Un homme qui bée d'admiration devant le merveilleux copain Israël, écrivait un certain Pierre-Antoine Cousteau dans *Je suis partout* le 8 février 1943, et qui se vante par ailleurs d'être l'ami de Léon Werth ne peut que trouver légitime le sacrifice de la France. Du moment que les Juifs l'exigent, il n'y a pas à se dérober. [...] Bien mieux, on nous explique [...] que la défaite de la France n'est que provisoire, qu'elle est une avant-garde sacrifiée dans l'assaut victorieux... »

Le « merveilleux copain [Jean] Israël » est l'un des personnages importants de *Pilote de guerre*, et son nom apparaissait déjà à la fin de la *Lettre aux Français*. « Lorsque, en 1940, je revenais de mission, rappelle à dessein Saint-Exupéry, à bord d'un avion troué de balles, je buvais avec jubilation un excellent Pernod au bar de mon escadrille. Et je gagnais mon Pernod au poker d'as soit à un camarade royaliste, soit à un camarade socialiste, soit au lieutenant Israël, qui était le plus courageux d'entre nous et qui était juif. Et nous trinquions avec une tendresse profonde[4]. » Il est clair que ce moment de fraternité virile plaisamment évoqué, symbole de cette réconciliation nationale que l'aviateur-écrivain souhaite de tout son cœur par-delà tous les clivages politiques, raciaux ou confessionnels, ne pouvait que passer pour de la provocation aux yeux des collabos. Quant à Léon Werth, c'était l'un des amis les plus chers de Saint-Exupéry qui lui dédia son *Petit Prince*. C'est lui qui, bien que jamais nommé dans le fil du texte, inspira à l'écrivain sa *Lettre à un otage*[5], vibrant éloge de la liberté et de la civilisation contre la « tyrannie totalitaire » et appel angoissé, pour l'avenir, au « respect de l'homme ». Et il était juif aussi, bien sûr.

Sans parler des prises de position de Saint-Exupéry (rappelons, par exemple, ses reportages dans la presse, largement favorables à la cause des républicains espagnols), des valeurs qu'il a défendues toute sa vie, rien que ce genre d'amitiés le rendait suspect aux yeux des vichystes. Cela dit, c'était en pure perte que le sinistre Cousteau s'acharnait contre *Pilote de guerre* en ce début 1943 : le gouvernement qu'il soutenait avait interdit le livre deux mois auparavant ! Et il faudra aux lecteurs patriotes de l'intérieur un an de patience avant de pouvoir le trouver à nouveau, en édition clandestine…

*

Aucune ambiguïté, donc, aucune complaisance de Saint-Exupéry, patriote viscéral et intransigeant, vis-à-vis de la collaboration. Il n'empêche que le doute était semé et que certains beaux esprits lui reprochèrent cette histoire de Conseil national. André Breton, par exemple, qu'on a connu mieux inspiré. En 1942, on trouve trace d'une grave brouille entre les deux hommes, exilés tous deux à New York. Breton aurait mis en doute la position « religieuse, sociale, politique et philosophique » de Saint-Exupéry. Lequel, manifestement blessé, éprouve le besoin de se justifier par lettres, sur un ton sec et polémique dont il n'était pas coutumier et se targuant de ses faits d'armes, ce qu'il ne faisait jamais : « Ma position vis-à-vis du nazisme a été telle que, au cours de la guerre, j'ai fait casser trois mutations successives qui tendaient à sauver ma précieuse personne, dont une au cours même de l'offensive allemande[6]. » Il réaffirme ensuite ses principes (armer les Français, les rassembler, leur insuffler l'esprit de sacrifice pour servir leur patrie). Puis, se fondant sur les nombreux textes surréalistes qu'il a lus dans des revues, il qualifie la doctrine prônée par Breton et les siens d'« anarchisme de type catalan », d'« idéologie libertaire », toutes idées extrêmement dangereuses à ses yeux si elles étaient mises en pratique. « Je prétends que, d'abord, vous ne prétendiez pas lutter contre la menace naziste, écrit Saint-Ex. Car alors vous auriez trahi. Il est d'une évidence éclatante que votre action eût pu être souhaitée par Goebbels lui-même[7]. »

En matière de patriotisme, Saint-Exupéry n'entendait recevoir de leçons de personne, surtout pas de la part de « planqués »...

Mais toutes ces controverses, ces attaques émanant de différents camps de l'échiquier politique français, particulièrement complexe dans sa version miniature new-yorkaise, laissent un sentiment de malaise. Objectivement, Saint-Exupéry s'était fait pas mal d'ennemis dans ce qu'il considérait comme « un panier de crabes » – impression largement confirmée par d'autres, et de tous bords ! Et il n'était peut-être pas totalement paranoïaque : un complot aurait pu être ourdi contre lui. Aucun document ne nous permet aujourd'hui de faire toute la lumière sur l'épisode de Montréal : hasard ou machination ? Les témoignages que nous avons pu recueillir penchent en faveur de l'une ou l'autre thèse.

*

Côté gaulliste, un Henri Claudel ne croit pas un seul instant à la théorie du complot.

Autre son de cloche, émanant d'un correspondant qui a préféré conserver l'anonymat, à travers ses souvenirs de Pierre Baudet, « jeune professeur à

Vassar University, qui avait bien connu les Saint-Exupéry à New York et à Long Island ». Grâce à ses conversations avec Baudet et Henri Hoppenot, ambassadeur, « ancien homme lige d'Alexis Léger au Quai d'Orsay et gaulliste de Washington particulièrement intransigeant », notre interlocuteur croit « que Hoppenot ne fut pas pour rien dans les ennuis où s'était mis Saint-Ex à Montréal. Non pas en s'embrouillant dans ses papiers (ce dont il était coutumier) mais en donnant des conférences au moins "pas gaullistes". Rien n'était plus facile à Hoppenot que de téléguider, depuis Washington où il avait, *intuitu personæ*, ses entrées au Secrétariat d'État, quelques ennuis retardateurs à notre ami. Il se peut que Hoppenot soit aussi plus ou moins à l'origine des difficultés que Saint-Ex éprouva à se faire réintégrer dans l'Armée de l'Air »...

La vindicte que lui vouaient certains gaullistes aurait pu être attisée par une autre hypothèse. D'aucuns, comme Jean d'Agay, l'un des petits-neveux de l'écrivain, s'interrogent en effet : « Et si Saint-Exupéry avait été chargé par Pétain en 1940 d'une mission ultrasecrète, c'est-à-dire de prendre contact avec le gouvernement américain afin de lui dire : il faut aider la France[8]... »

La vérité dort quelque part, dans des archives, et sortira un jour[9].

*

Ce qui est certain, c'est que Saint-Exupéry nourrissait envers le général de Gaulle et ses partisans une solide méfiance. D'ordre politique. « Le gaullisme en très résumé ? » note-t-il dans un texte important repris dans ses *Écrits de guerre*, où il précise ses reproches : « Un groupe de "particuliers" [...] se bat hors la France vaincue qui a à sauver sa substance. Et c'est très bien. Il faut qu'elle soit présente au combat.

« Et le Général d'une telle légion étrangère m'eût eu au combat. Mais ce groupe de "particuliers" se prend pour la France [...] il prétend tirer comme bénéfice de gérer la France de demain !

« C'est absurde, car l'essence du sacrifice, c'est qu'il ne gagne aucun droit. Ça c'est essentiel. [...]

« Ils se croient "la France" quand ils devraient être "de France", c'est absolument autre chose [10] ! »

On s'est beaucoup étonné que cet homme profondément patriote, ce combattant si attaché à son pays qu'il lui a sacrifié sa vie, qui ne manifesta jamais aucune sympathie pour Pétain (« Certes Vichy était atroce [11] », écrit-il dans un brouillon de lettre – jamais envoyée – à Joseph Kessel), refusait l'armistice, mais refusait aussi tout sectarisme et l'épuration qui s'annonçait, ne se soit pas rallié à « l'Homme du 18 juin », bien qu'il ait été « travaillé » dans ce sens, à New York, par plusieurs de ses amis gaullistes.

C'est ainsi. Entre le commandant dans l'aviation et le général de cavalerie, le courant ne passait pas. « Ne peut-on rallier Saint-Exupéry ? » interrogeait de Gaulle en 1941, dans un télégramme de Brazzaville adressé à René Pléven, l'un de ses fidèles. Le chef autoproclamé de la France libre se montrait ainsi parfaitement conscient du poids que représentait l'écrivain, célèbre dans tout le monde libre. Le 30 octobre 1943, dans un discours prononcé à Alger où il passe en revue les écrivains français d'importance, sa religion est faite : il omet sciemment le nom de Saint-Exupéry, ainsi que ceux de Saint-John Perse ou d'André Maurois.

*

Mais un témoignage de première main et capital vient relativiser les choses.

« Peu de jours avant son dernier départ, raconte André Gide – c'est-à-dire à Alger, début 1944 –, Saint-Exupéry assistait à une séance de l'Assemblée consultative où parla le général de Gaulle. Il fut frappé par son calme, la lucidité de ses vues, la pertinence et l'habileté persuasive de son argumentation, et fit part de son étonnement à un intime, qui le vit au sortir de cette réunion, ajoutant : “Il est évidemment plus fort, plus sage et plus grand que je ne m'attendais à le voir [12]." »

Précisons que Gide ne saurait être partial, puisque, contrairement à d'autres, il ne peut être qualifié de « gaulliste » au sens militant du terme, même si, dès le 24 juin 1940, son choix était fait : « Comment n'approuver point Churchill ? Ne pas donner de tout son cœur son adhésion au général de Gaulle [13] ? »

D'autre part, il se garde bien d'extrapoler, d'en conclure à un quelconque ralliement de Saint-Ex au chef de la France libre. Mais il laisse entendre qu'eût-il vécu, il eût peut-être renoncé à « la véhémente prévention » qu'il éprouvait à l'égard du général, en vertu d'un de ces « brusques et surprenants retours » [14] dont il était capable…

Entre les deux hommes, la réconciliation ne put avoir lieu. Mais le général de Gaulle fit célébrer le 31 juillet 1945, soit un an jour pour jour après la disparition en mer du commandant de Saint-Exupéry, un hommage à sa mémoire dans la cathédrale de Strasbourg. Pas d'oraison funèbre, hélas, prononcée par Malraux, qui n'avait pas encore rejoint de Gaulle. Pas trace non plus d'un discours du général. Et pour cause : il semble qu'il n'était pas présent ce jour-là [15].

Mais bien des années après, en 1959, d'après un témoignage rapporté par Mme Marcel Achard [16], le général, revenu aux affaires et pourtant guère porté à l'autocritique, se reprochait d'avoir refusé de recevoir Saint-Exupéry en audience à Alger, alors qu'il le lui avait demandé : « J'en ai eu beaucoup de chagrin. »

L'histoire abonde de ce genre de rendez-vous manqués qui font fantasmer les adeptes de l'uchronie : et si Saint-Exupéry avait vu de Gaulle à Alger, aurait-il été sensible à son charisme, à ses arguments ? On ne le saura jamais.

*

Ce qu'on sait, en revanche, c'est que Saint-Exupéry finit par pouvoir rentrer fin mai 1942 aux États-Unis. Pays qu'il avait la plus grande hâte de quitter afin de reprendre du service. Moins d'un an plus tard, au terme d'un *forcing* obstiné auprès de l'état-major américain, il y parvint. En dépit de son âge (quarante ans était alors la limite pour un pilote d'active), de son exécrable état de santé (il ne s'était jamais vraiment remis de ses crashs, surtout du dernier dont il souffrait toujours), de son moral en berne (dû en particulier à sa mésentente avec Consuelo et à d'autres déceptions sentimentales) – ou peut-être justement *à cause* de tout ça, pour oublier, se sublimer lui-même –, il souhaitait par-dessus tout combattre pour son pays, piloter à nouveau. Voler. Le 20 avril 1943, sa feuille d'embarquement pour l'Afrique du Nord enfin en poche, pressentait-il qu'il avait aussi rendez-vous avec la mort ?

VI

Plus j'avançais, plus s'imposait à moi l'image de la mosaïque. Comment relier entre elles autant de pièces en apparence hétéroclites ?

Saint-Exupéry s'intéressait à tant de domaines. L'aviation bien entendu, et tout ce qui s'y rapportait : il est l'auteur de nombreuses inventions destinées à améliorer la sécurité des appareils et le confort des pilotes. Les mathématiques, en tant que gymnastique intellectuelle : il aimait à imaginer et à résoudre des problèmes abstraits, ardus, originaux. La magie, les énigmes et les devinettes, que, depuis tout gosse, il adorait présenter en compagnie. L'économie : tourmenté par un certain nombre d'idées (dont celle de progrès), il échafaudait des systèmes supposés améliorer le sort des travailleurs. La politique, au sens large : sans *a priori* ni aucun présupposé idéologique, il réfléchissait à la position de l'homme dans l'univers, se montrant fort angoissé par l'avenir. Catalogue à quoi il faudrait ajouter le dessin, le cinéma, la musique et la littérature : il lisait et relisait ses auteurs de prédilection (surtout les grands poètes du XIXe siècle) en essayant de formuler, de façon pas toujours lumineuse, les réflexions qu'ils lui inspiraient...

Assembler tout cela, lui donner une cohérence autre que celle d'un esprit universellement curieux semblait une gageure. Et pourtant, chaque tesselle était authentique, offrait un intérêt propre, et apportait sa petite lumière pour éclairer un ensemble fabuleusement vaste et complexe. Détail après détail, document après document, on s'approchait, j'en suis convaincu, au plus près du *vrai* Saint-Exupéry. Débarrassé de sa légende, restitué dans son vécu.

Pour ce faire, la meilleure méthode consistait à retourner à la source : les textes épars qu'il a laissés, inédits de préférence, dont les plus nombreux se trouvent dans les collections de la Succession Saint-Exupéry-d'Agay.

Ainsi qu'à écouter quelques témoins exceptionnels, comme ses confrères André Gide et Albert Camus. Tous deux excellents lecteurs, animés à l'égard de Saint-Exupéry des meilleures intentions (ils l'ont notamment aidé chez Gallimard où ils exercèrent, l'un après l'autre, une réelle influence) et fins psychologues. Tous deux avaient été frappés par l'esprit éclectique de leur ami, en perpétuelle effervescence, et respectaient cette curiosité universelle, qui n'excluait pas le sérieux. « Touche-à-tout » sans doute, Saint-Exupéry n'était pas un dilettante. Il mettait beaucoup de passion dans ce qu'il entreprenait, même si souvent ça ne réussissait pas. Il possédait le goût de l'effort, une inlassable énergie, un côté Sisyphe aussi, bien fait pour plaire à deux écrivains férus de mythologie grecque, qu'ils ont revisitée dans leur œuvre.

Guidés par Gide et Camus, tentons donc de nous y retrouver parmi tous les centres d'intérêt d'Antoine de Saint-Exupéry, y compris les moins connus.

Un touche-à-tout de génie

Dans un texte de prospective économico-politique intitulé *La Prospérité et la Production*[1], Saint-Exupéry met en parallèle le développement matériel des hommes et leur appétit de consommation : « Non seulement la production ne peut croître plus vite que les besoins moyens des hommes, mais elle est encore à l'époque présente très inférieure à ces besoins [...]. Le manœuvre manquait de pouvoir d'achat, il ne manquait pas de désirs. »

Dans *Idées de base*[2], il ajoute même : « Il n'y a pas de limite aux besoins des hommes (tout le monde veut une Rolls), donc il ne peut y avoir surproduction, il ne peut y avoir que sous-consommation. »

Avec *Capitalisme (élément nouveau)*[3], il échafaude un modèle de société « idéale » pas très éloigné de celui des soviets : « La terre appartient à l'État qui a le droit de l'exploiter ; toute maison de rapport, hôtel, etc. appartient à l'État et son propriétaire devient gérant (appointé par l'État, recettes versées à l'État). La maison de plaisance appartient au propriétaire qui peut la vendre, la louer ou l'échanger. Le jardin et la chasse appartiennent au propriétaire. (Si les fruits de la terre sont vendus à l'extérieur, le propriétaire devient gérant et touche de l'État un pourcentage sur les recettes qui sont versées à l'État.) »

S'appuyant sur un dessin schématique, difficile à déchiffrer et à interpréter, l'écrivain tentait de démonter les grands mécanismes économiques planétaires, et d'inventer de nouveaux rapports entre le travail et le capital.

Dans un *Plan Activité nationale*[4], Saint-Exupéry calcule que « 4 800 000 habitants doivent nourrir, loger et vêtir 40 000 000 habitants ». Et, sur un ton plus incisif, traite du chômage et des travailleurs immigrés en France, que l'on en rendait déjà responsables à l'époque où il écrivait (dans les années 30 vraisemblablement, mais son manuscrit, comme à l'accoutumée, n'est pas daté) : « Ce n'est point en assassinant par la faim 250 000 ouvriers polonais que l'on résoudra la crise. Serait-ce même dû à ce qu'il y a 250 000 Français de trop. »

Dans une *Note sur Baudelaire*[5], l'un des poètes qu'il vénérait depuis sa jeunesse et qui influença ses propres poèmes, Saint-Exupéry, de manière elliptique, analyse la notion de salut chez l'auteur des *Fleurs du mal* et en vient à sa propre quête spirituelle : « Quand je lis *Je cherche une religion*, c'est un langage que je cherche et qui me transfigure. Trouver sa vérité, c'est trouver son langage, celui qui fait s'épanouir le plus de soi-même à la conscience. »

*

Voilà quelques exemples de textes laissés par Saint-Exupéry, manuscrits ou tapuscrits totalement inédits, témoins de « l'inlassable curiosité qui, selon André Gide rendant hommage à son ami disparu six mois auparavant, l'acharnait à toutes sortes de problèmes qu'il ne quittait que résolus, mathématiques, mécaniques, économiques ou sociaux[6] ».

À côté du poète le nez dans les étoiles ou dans la lune (ce qu'il pouvait être parfois), de l'enfant piégé dans une grande carcasse d'homme qui regretta toujours le paradis perdu de sa jeunesse, de l'humaniste de *Citadelle*, facettes d'un être infiniment complexe, Saint-Exupéry était aussi un homme de son temps, passionné par la modernité, en particulier technique, et qui essaya sans cesse de réfléchir à tous les problèmes qu'elle posait à l'homme. D'où ces carnets, notes, feuillets épars innombrables qu'il noircissait sans relâche et transportait toujours dans ses poches et ses malles, et dont il aurait peut-être un jour fait un livre.

Au début des années 50, sous l'impulsion de Pierre Chevrier (pseudonyme de Nelly de Vogüé, on l'a dit, laquelle, témoigne Henri Claudel qui l'a bien connue, « refusait de parler de Saint-Ex et qu'on sache qu'ils étaient très liés »), les éditions Gallimard décidèrent de rassembler une partie de cette matière disparate et de la publier sous le titre *Carnets*[7].

Un colossal travail de dépouillement, déchiffrage, interprétation, annotation, et surtout de classement : quel ordre fallait-il respecter : chronologique (Saint-Ex noircit six carnets de 1935 à 1940) ou thématique ?

Consulté sur le projet, Albert Camus fait part de sa perplexité à son ami Michel Gallimard – celui-là même avec qui il trouvera la mort dans un accident de voiture le 4 janvier 1960 –, dans une lettre de décembre 1952 restée inédite jusqu'en 2006 : « Dans l'ensemble – et ceci strictement entre nous –, ils [les *Carnets*] sont décevants. Je n'ai pas l'impression qu'ils contiennent ce qui était au centre de la pensée ou de la recherche de Saint-Ex, mais, plutôt, ce qui était à la périphérie de sa méditation. Les vues profondes, ou simplement émouvantes, sont rares. On trouve plutôt une collection de ces "dadas", d'ailleurs fort sérieux parfois, qu'entretient tout grand esprit ? Un peu touche-à-tout, Saint-Ex tourne autour, plus qu'il n'approfondit, des problèmes de philosophie, de cosmographie et d'économie politique. Par un goût de la précision qui est naturel aux intellectuels, toujours soucieux de n'être pas accusés d'en rester aux idées générales, il entre dans des détails qui, malheureusement, ne sont pas toujours significatifs. Ainsi, dans la partie Économie, les longs commentaires sur les investissements bancaires ont, certes, un intérêt, mais forcément limité pour un lecteur qui attend autre chose de Saint-Ex[8]. »

Plutôt bien vu.

Camus préconisait donc pour les *Carnets* un ordre chronologique – « le seul qui soit *fidèle* quand on publie les notes et fragments d'un auteur[9] ». De manière prémonitoire et définitive, il ajoutait : « Personnellement, si cette aventure m'arrivait, je me lèverais d'entre les morts pour réclamer d'être présenté au long de mon propre temps. Aucun éditeur, même intelligent, même intime de l'auteur, ne peut recomposer ce que l'auteur lui-même n'a pas su composer et qu'il a accepté de confier au temps et à l'évolution de sa pensée ou de son art[10]. »

Visée, Nelly de Vogüé ne tint pas compte, dans son édition, des recommandations de Camus et du « paix à Saint-Ex » sur quoi il achevait sa lettre. Il fallut attendre une nouvelle édition, en 1975, pour que l'ordre chronologique des *Carnets* fût rétabli.

*

Camus était un fin lecteur et, concernant Saint-Exupéry, le mot « *touche-à-tout* » est fort bien trouvé.

Ce qui ne signifie pas qu'il n'était pas sérieux lorsqu'il s'attachait à un domaine donné, bien au contraire. Camus en convient dans sa phrase sur les « dadas » des « grands esprits ». « Ce que la plupart des gens ignorent, note Gide qui tente de synthétiser *post mortem* la personnalité de son éclectique ami, c'est qu'il s'était acquis par ses multiples brevets une sorte de gloire secrète dont tout autre se serait contenté. »

En effet, passionné de technique et de mécanique depuis l'enfance, ce qui explique en partie sa dévotion à l'aviation (il avait d'ailleurs commencé sa « carrière », durant son service militaire à Strasbourg en 1921, comme mécanicien), Saint-Exupéry conçut et déposa, à l'INPI de l'époque, pas moins de « douze brevets et trois additions », plus « deux brevets tapuscrits non déposés », de décembre 1934 à février 1940 [11].

Un Dispositif pour atterrissage d'avions, n° 795.308, brevet demandé le 15 décembre 1934, délivré le 6 janvier 1936, publié le 11 mars 1936. Une Nouvelle méthode pour l'atterrissage des avions sans visibilité, avec dispositifs et appareils de réalisation, n° 836.790, du 8 octobre 1937 à 16 h 51, à Paris, délivré le 25 octobre 1938, publié le 25 janvier 1939. « L'invention, est-il stipulé dans le *Journal officiel*, consiste essentiellement dans la combinaison de deux émissions radio-électriques tournantes émanant de deux postes à terre, disposés de préférence aux extrémités de la base d'accès du terrain, avec un indicateur visuel de réception disposé à bord. » Quelques jours après ce deuxième brevet, une Première addition, n° 49.453. Puis viennent un Goniographe (brevet n° 837.676, octobre 1937-février 1939), un Système répétiteur de lecture d'appareils indicateurs de mesure (n° 838.687, 1937-1939), un Système de sustentation et de propulsion, notamment pour avions (n° 850.093, 1938-1939), suivi d'une Première addition à ce brevet (n° 50.700, 1939-1941), puis d'une Deuxième (n° 50.809, 1939-1941), un Appareil traceur de route, notamment pour navires ou pour avions (n° 850.098, 1938-1939), une Nouvelle méthode de mesure par superposition de courbes symétriques, et application aux appareils indicateurs radiogoniométriques (n° 870-607, 1939-1942), des Perfectionnements aux moyens de contrôle des moteurs en vol par un appareil indicateur unique (n° 861.203, 1939-1941), un Nouveau dispositif de démarrage pour moteurs, spécialement pour moteurs d'avion (n° 861.386, 1939-1941), une Nouvelle méthode de repérage par ondes électromagnétiques (n° 924.903, 1940-1947) et enfin un

Nouveau dispositif de radio-compas, brevet sans numéro et sans date.

Nées peut-être de ses mésaventures personnelles, voire des crashs qu'il avait vécus, on ignore si toutes ces inventions ont été mises en fabrication et ont amélioré la vie des pilotes. Mais, dans *Le Journal de la prestidigitation* n° 165 de mars-avril 1952, Jean Métayer estime « ingénieux », son « moyen permettant le repérage aérien », « système basé sur la persistance de l'impression rétinienne, tout un dispositif de feux s'allumant alternativement pendant 1/10e de seconde et provoquant, chez les aviateurs ennemis chargés du repérage, des phénomènes d'éblouissement ».

*

Pourquoi Saint-Exupéry dans *Le Journal de la prestidigitation* ? Mais à cause d'un autre de ses « dadas » ! Magie, prestidigitation, tours de cartes, jeux d'astuce, tout ceci passionnait Tonio depuis l'enfance. Ses proches en témoignent, ses sœurs, ses neveux, ses amis. « Il savait tenir un public en haleine enjouée durant des heures, raconte Gide, avec des jeux de son invention ou de prestigieux tours de cartes qui lui valaient la réputation de sorcier parmi les peuplades sauvages où le hasard d'un atterrissage forcé le déportait [12]. »

« Aucune forme de l'Art ne le laissait indifférent, poursuit Jean Métayer, et tout ce qui témoignait chez l'homme d'un effort pour s'exprimer, d'une recherche, le touchait. Il était donc normal qu'il aimât la prestidigitation, art subtil, empreint de mystère, de poésie, et source inépuisable d'observations psychologiques [13]. »

L'un de ses compagnons d'armes, le capitaine Florentin, se rappelait ainsi ce jour de février 1940 à Orconte, entre Vitry-le-François et Saint-Dizier, là où était alors basé le groupe 2/33, quand Saint-Exupéry éblouit le général Vuillemin par son habileté diabolique : alors que son supérieur, amusé, avait essayé de le piéger grâce à une petite tricherie, Saint-Ex, grâce à chacun des propos, anodins en apparence, que le général lui tenait, devina la carte que celui-ci avait tirée du paquet, le valet de carreau ! « À ces mots la figure du général exprima la plus vive surprise, il avoua sa supercherie et décréta que Saint-Exupéry était le plus grand sorcier de tous les temps [14]. »

Un hobby, sans doute, mais que Saint-Exupéry prend, comme le reste, au sérieux. Et qui lui permet d'exercer son esprit inlassablement inventif.

On connaît par exemple ce jeu du « Que feriez-vous [15] ? » vraisemblablement de 1942, et qui prend les allures d'un « cadavre exquis » surréaliste :

Que feriez-vous si des légions animaient la mer
Que feriez-vous si l'ombre embaumait ?
Que feriez-vous s'il faisait nuit.

Je charmerais les serpents.
J'achèterais toutes les choses à vendre.
Je couronnerais un roi.

Que feriez-vous si la pesanteur n'existait pas
Que feriez-vous si l'église vous canonisait ?
Que feriez-vous dans l'affliction ?

Je prendrais un bâton noueux pour me venger.
J'allumerais des incendies.
J'aurais très soif.

Ou encore ce *Problème du pharaon*[16], plutôt ardu, dont la Succession possède le tapuscrit.

Un pharaon décida d'ériger, en utilisant exclusivement des pierres taillées en cube de 10 cm de côté, une stèle massive géante en forme de parallélépipède rectangle dont la hauteur fût égale à la diagonale de la base.
Il ordonna à un certain nombre de fonctionnaires de rassembler chacun une part égale des matériaux exactement prévus pour l'érection de la stèle. Puis il mourut.
Les archéologues contemporains ne retrouvèrent qu'un seul de ces dépôts. Ils y dénombrèrent 348 960 150 cubes de pierre.

Ils ne surent rien des autres dépôts, sinon que le nombre total de ces dépôts était, pour des raisons mystiques, un nombre premier.

Cette découverte leur permit cependant de calculer rigoureusement les dimensions de la stèle prévue, et de démontrer qu'il n'était qu'une solution possible.

Faites-en autant.

Facétieux, le maître des énigmes précise :

Ce problème ne nécessitant aucun tâtonnement numérique, nous donnons pour vous épargner la seule fastidieuse corvée, la décomposition de 348 960 150 en facteurs premiers, soit : $2.3^5 .5^2 .7. 11. 373$

La solution par empirisme laborieux ne compte pas.

Mais elle est bien plus longue que l'énoncé même du problème !

*

Cyclothymique, Saint-Exupéry pouvait être le plus gai, le plus drôle des compagnons, plaisantant, imaginant des jeux, chantant ou s'adonnant à la musique. « Il jouait du violon à la perfection, vouant un culte particulier à Haendel et surtout à Mozart [17] », écrit Jean Métayer. On se souvient aussi de son don précoce pour la caricature, qu'il a cultivé durant toute sa vie, croquant aussi bien, toujours de profil et avec une infinie tendresse, ses « copains » au repos à Casablanca en 1921 [18], que le comte René Bouët-Willaumez, grand illustrateur de mode qu'il avait connu à New York en 1942 chez leur ami commun, le peintre Bernard Lamotte [19]. Son trait de crayon incisif ne s'épargnait pas lui-même, avec sa bouille ronde et son petit nez en trompette qui lui avaient valu ce surnom de « Pique-la-lune » qu'il détestait ! Mais Saint-Ex pouvait aussi s'enfermer des heures dans le silence, agitant dans sa tête de sombres pensées, ou ruminant des questions qui lui tenaient à cœur. Comme la politique, au sens large du terme.

Humaniste sans idéologie ni engagement précis, Saint-Exupéry était-il ce « cryptocommuniste » décrit par certains, rêvant d'une société idéale dont il s'acharnait à inventer les structures nouvelles ? Les écrits fragmentaires qu'il a laissés sur ces sujets ne sont pas assez clairs pour en tirer quelque juste leçon. Ce qui est sûr, en revanche, c'est qu'il détestait la « politique politicienne », comme on dit aujourd'hui, et vouait aux gémonies le personnel de la IIIe République. Ce fut même là une des raisons de la défiance obstinée qu'il manifesta envers le général de Gaulle et ses partisans, animosité qui, on l'a vu, a pu lui attirer quelques déboires.

On pourrait définir Saint-Exupéry comme un « esprit non prévenu ». Ce genre d'esprit inclassable qui séduit les uns, en irrite d'autres, plus terre à terre. D'où l'incompréhension, voire l'hostilité d'une partie de l'intelligentsia littéraire à l'égard de l'écrivain, après les publications de *Citadelle* et des *Carnets*. Mais c'était après la guerre. Ces livres n'avaient pas été mis au point par Saint-Exupéry. Et il n'était plus là pour les défendre, ni s'expliquer sur les idées qu'il y exprimait.

VII

Le 31 juillet 1944, le commandant de Saint-Exupéry disparaissait, et l'écrivain entrait dans la légende. Sa mort dramatique et mystérieuse venait ajouter à sa gloire terrestre une aura mythique.

Étant donné les circonstances, les recherches durent attendre. Mais dès la fin des années 40, des campagnes furent menées au large de Nice, où l'on supposa longtemps que l'appareil de Saint-Exupéry s'était abîmé en mer. Relayés régulièrement dans la presse, hypothèses hasardeuses, témoignages sujets à caution, recherches peu rigoureuses se succédèrent. Selon certains, la disparition aurait eu lieu dans les Alpes. D'autres prétendirent à plusieurs reprises avoir retrouvé l'aviateur allemand qui aurait abattu son ennemi français, voire l'artilleur qui l'aurait descendu avec son canon de DCA. À supposer que ce soit une mort au combat. Car ne saurait être exclue l'hypothèse d'un incident technique, d'une panne mécanique, d'un accident : évoquée, par exemple, une déficience du masque à oxygène. Et certains, même, osent la théorie d'un suicide : Saint-Exupéry aurait décidé d'en finir en beauté, avec panache, à la manière d'un samouraï...

Les proches, bien sûr, qui ont dû vivre, durant des années, avec cette sinistre et récurrente histoire, n'ont jamais voulu y croire. Se suicider ne cadrait pas avec le caractère de Saint-Ex, avec son sens du devoir. « Tu sais, disait le Petit Prince à l'aviateur, ma fleur... j'en suis responsable[1] ! » Mais il est vrai qu'ensuite il a disparu...

Pour approcher ce mystère ultime, une seule méthode me paraissait pertinente : s'en tenir aux faits. Et de nouveau, c'est à l'archéologie que j'ai eu recours. Pas l'archéologie littéraire cette fois, mais l'archéologie sous-marine !

J'ai pu me procurer trois documents confidentiels à l'époque, datés de 2004 : le rapport d'étude préliminaire de Pierre Becker, le P-DG d'Aéro-ReLIC, « concernant les vestiges d'un aéronef de la Seconde Guerre mondiale reposant au nord-est de l'île de Riou, archipel de Riou, zone maritime de Marseille » ; le compte rendu d'expertise de cette même épave, par le Bureau enquêtes accidents du ministère de la Défense ; et enfin le rapport d'identification, extrêmement détaillé, des pièces retrouvées de l'appareil.

Tout cela semble convaincant. Le P-38 Lightning dont on a repêché les débris au large de Marseille paraît bien être celui de Saint-Exupéry. Ce qui expliquerait pourquoi, cinq ans auparavant, un pêcheur du coin avait trouvé dans la même zone la gourmette en argent de Tonio.

On sait donc où l'appareil s'est abîmé. Mais pas pourquoi : la quantité de pièces récupérées ne permet pas de se prononcer sur les causes du drame. On n'a pas non plus trouvé de restes du pilote. « Là où est Antoine, qu'on le laisse tranquille[2] », disait déjà sa mère Marie de Saint-Exupéry. La famille n'a pas changé d'avis, tout au moins l'ancienne génération. Les nouvelles, elles, ont appris l'histoire de leur glorieux ancêtre par les récits de leurs parents, mais aussi dans les livres et les journaux. Aussi ne s'étonnent-elles plus lorsqu'en mars 2008 un ancien pilote de la Luftwaffe, Horst Rippert, affirme avoir abattu un P-38 Lightning ce jour-là, dans cette zone. De là à penser que c'était celui de Saint-Exupéry...

Il va falloir vérifier, avec méthode et prudence. L'archéologie, souvent, s'apparente à un travail de détective.

À la recherche de l'aviateur perdu

C'est au terme de trois années de recherches intensives, le 1er septembre 2003, que sont enfin remontés à la surface un certain nombre de restes d'un avion, qui gisaient par quatre-vingts mètres de fond au nord-est de l'île de Riou, au large de Marseille : le train d'atterrissage, un morceau d'hélice, des éléments de carlingue et surtout du châssis. Ces recherches ont été conduites par la Comex de M. Delauze, entreprise pionnière de la plongée sous-marine industrielle et des fouilles. Elle travaille en étroite collaboration avec l'Ifremer et Aéro-ReLIC, une association spécialisée dans la localisation et l'identification des crashs, que dirigent ses fondateurs, Pierre Becker et Philippe Castellano, le tout sous la houlette de la Drassm de Marseille.

Ce sont les éléments du châssis, portant l'inscription LAC 2734 gravée « sur la paroi interne tribord du logement du turbocompresseur » dans l'usine Lockheed de Burbank, Californie, qui permettront d'identifier l'épave : il s'agit bien de « l'avion bimoteur, bipoutre, monoplace de type Lockheed Light ning F-5B P-38, matricule militaire 42-68223 attribué par les autorités de l'US Air Force en décembre 1943, porté manquant au retour de mission le 31 juillet 1944, avec comme pilote à ses commandes le commandant Antoine Marie de Saint-Exupéry ». Ainsi s'expriment, de manière précise et officielle, presque froide, MM. Becker et Castellano, cosignataires en janvier 2004 d'un « rapport préliminaire » à destination des services de notre armée de l'air.

Le rapport explique que les débris « épars et très abîmés » de l'aéronef ont été trouvés le 23 mai 2000 par M. Luc Vanrell, directeur de la société Le Comptoir des sports sous-marins, qui en est « l'inventeur » aux termes de la loi. Becker et Castellano insistent sur le « choc d'une rare violence (impact) avec l'élément marin », qui s'est « certainement produit à une grande vitesse associée à un angle d'incidence prolongé devant se rapprocher de la verticale ». Ce dont témoignent les photos de certaines pièces, littéralement pliées « en accordéon ». Le rapport mentionne également que les experts n'ont relevé, sur les pièces retrouvées, « aucune marque particulière ou trace de perforation par un possible tir », tout en ne pouvant pas se prononcer, « vu le faible pourcentage de l'avion récupéré », définitivement sur un point crucial : le crash du Lightning de Saint-Ex fut-il accidentel, ou l'avion a-t-il été abattu par un chasseur allemand ?

Après vérification chez Lockheed qu'il s'agit du bon avion, la découverte, sensationnelle, est publiée le 7 avril 2004, soit presque soixante ans après la disparition de Saint-Exupéry. En mai 2004, les restes de l'appareil, alors entreposés sur la base aérienne 125 d'Istres-Le Tubé, font l'objet d'une seconde expertise, réalisée par le BEA (Bureau enquêtes accidents) du ministère de la Défense, à la demande du délégué au patrimoine air de l'armée de l'air. Ce rapport officiel étudie techniquement et minutieusement, photos et vidéos à l'appui, les pièces retrouvées et conclut à son tour « qu'elles semblent provenir de l'avion du commandant Antoine de Saint-Exupéry ». Fin d'un mystère vieux de soixante ans, qui a fait couler des torrents d'encre, passionné les médias et les lecteurs de l'écrivain, suscité polémiques voire procès, hypothèses plus ou moins farfelues, thèses et contre-thèses ? On peut le croire. En tout cas, les restes du Lightning sont désormais visibles au musée de l'Air et de l'Espace du Bourget, dans un lieu spécial dédié à Saint-Exupéry.

*

Les derniers temps de sa vie nous sont connus avec précision. Après avoir quitté les États-Unis le 20 avril 1943, le futur commandant (il sera promu à ce grade le 25 juin de la même année) reprend du service actif au groupe 2/33, placé sous commandement américain, et qui est maintenant équipé de Lightning P-38, des avions ultramodernes pour l'époque, qui viennent de sortir de chez Lockheed. Après quelques semaines d'entraînement en Algérie, où il obtient son certificat d'aptitude aux vols de haute altitude, il rejoint La Marsa, près de Tunis, où se trouve l'escadrille. Il effectue deux missions de guerre : des reconnaissances photographiques de la vallée du Rhône et de la Provence. Au retour de la seconde, incident à l'atterrissage. À la suite de quoi le commandant du 2/33, eu égard à son âge (la limite sur P-38 était de trente-cinq ans !), place Saint-Exupéry « en réserve de commandement ». Déprimé, il vient s'installer à Alger où il demeurera jusqu'au printemps 1944, effectuant seulement en septembre un séjour à Casablanca.

Enfin, à force d'insister, et grâce à l'intervention d'officiers de ses amis, il obtient du général américain Eaker, commandant en chef des forces aériennes alliées en Méditerranée, de rejoindre le 2/33 basé à Alghero, en Sardaigne. De mai à juillet, il effectue plusieurs vols (en principe, cinq seulement lui ont été consentis), tous émaillés de pannes et d'incidents techniques : moteur gauche en feu, panne de l'inhalateur d'oxygène, et encore une panne de moteur le 29 juin, qui l'oblige à atterrir en catastrophe sur l'aéroport de Poretta, près de Bastia.

C'est d'ailleurs dans ce même nord de la Corse, à Borgo, près de Bastia aussi, que, le 17 juillet, se fixe le 2/33. Saint-Exupéry continue d'effectuer des missions de *mapping* au-dessus de l'Hexagone : des reconnaissances photographiques afin de tracer des cartes fiables du pays, fort utiles lors du tout prochain débarquement de Provence (qui aura lieu le 15 août 1944). C'est ainsi que, le 31 juillet à 8 h 25 du matin, il décolle de Poretta aux commandes de son Lightning P-38. Il est seul à bord. Son avion n'est pas armé et emporte avec lui du carburant pour environ six heures de vol. À 8 h 30, dernier écho radar. Puis, plus rien.

À Borgo, ses camarades s'inquiètent. Puis, ne le voyant pas revenir, ne se font plus d'illusions. Selon l'usage, il est porté « manquant » au tableau des effectifs, et ses effets personnels font l'objet d'un inventaire détaillé et dérisoire[3]. « Tragique résumé de toute une vie[4] », notera l'une de ses biographes, Stacy de La Bruyère.

La triste nouvelle est d'abord annoncée par la radio d'Alger. On parle de « disparition ». Dans la famille, réfugiée à Cabris, on est habitué aux retours du « tonton miracle », selon le mot de son neveu Jean d'Agay. On veut garder espoir. Sur le jour même où la nouvelle fut connue, nous disposons d'un témoignage particulièrement intéressant.

Celui que François Moreau de Balasy a bien voulu nous livrer.

Né à Cannes en 1923, François Moreau avait été adopté par le comte de Balasy-Belvata, un aristocrate d'origine hongroise qui se trouvait, par la famille de sa mère, apparenté, « au troisième ou quatrième degré », aux d'Agay. À l'été 1944, il a rejoint la Résistance, à Grasse, pour aider à préparer le débarquement. Puis officier dans les FFL, il a fait campagne jusqu'en Allemagne.

« J'étais, avec ma cousine (à la mode de Bretagne) Gabrielle d'Agay, sœur d'Antoine, chez Marie de Saint-Exupéry, à Cabris, comme cela m'arrivait parfois, raconte François Moreau de Balasy, lorsque la radio a annoncé la disparition de l'avion de Saint-Ex. Marie est restée droite comme un I, a gardé un profond silence. Je me souviens d'elle, grande et noble, dans une longue robe sombre. »

Quelques jours après, le doute devient difficile. Même si Marie, ses enfants et petits-enfants y ont cru « à peu près jusqu'à la Libération », poursuit Jean d'Agay. Une dépêche tombe : Antoine de Saint-Exupéry est officiellement porté disparu. Compte tenu de sa célébrité, l'émotion est grande. « On se refusait à croire la brève dépêche », raconte

Robert de Saint-Jean, écrivain proche de Julien Green, dans *Le Figaro* du 30 septembre 1944. Et il ajoute : « On espère malgré tout, et l'on se rappelle combien de fois, dans le passé, Saint-Exupéry joua victorieusement à cache-cache avec la mort ! » Pas cette fois.

Le 31 juillet 1945, on l'a vu, un hommage national lui est rendu à Strasbourg. En 1948, il est reconnu « mort pour la patrie ». Puis, au *Journal officiel* du 12 mars 1950, le commandant Antoine de Saint-Exupéry est cité à l'ordre de l'armée aérienne à titre posthume, pour avoir « prouvé, en 1940 comme en 1943, sa passion de servir et sa foi en le destin de la patrie », et « trouvé une mort glorieuse, le 31 juillet 1944, au retour d'une mission de reconnaissance lointaine sur son pays occupé par l'ennemi ».

*

Saint-Exupéry mort, certes. Mais restaient à élucider les circonstances de sa disparition, l'endroit exact, et à tenter de retrouver, sinon ses restes, du moins ceux de son appareil.

En 1950, le pasteur Hermann Koch d'Aix-la-Chapelle, ancien officier de renseignements dans la Luftwaffe, l'armée de l'air allemande, témoignera avoir eu connaissance, le 31 juillet 1944, qu'un

Lightning P-38 avait été abattu en Méditerranée par un Focke-Wulf allemand.

Puis, en 1972, surgit le témoignage (posthume) de l'aspirant Heichele, qui aurait canonné le Lightning depuis son propre appareil, vers midi, audessus de Castellane. Mais Heichele a été à son tour abattu en août 1944.

Bien fragile aussi, ce témoignage tardif (dans les années 90) à propos d'une habitante de Carqueiranne qui aurait vu, le jour fatidique, le Lightning se faire descendre. Puis la mer aurait rejeté le corps d'un soldat sur la plage, lequel a été enterré anonymement dans le cimetière communal. Était-ce Saint-Exupéry ? Pour le savoir, il faudrait exhumer le corps, procéder à des comparaisons avec l'ADN des membres de sa famille, lesquels s'y sont toujours montrés opposés. Ainsi Jean d'Agay qui rappelle la position prise, sur ce sujet douloureux, par sa grand-mère : « "Là où est Antoine, il est bien, avait déclaré Marie de Saint-Exupéry, laissez-le tranquille." Nous n'avons pas changé d'avis. »

Il y eut encore un passionné alsacien qui tenta de prouver, au terme d'années de recherches, que Saint-Exupéry n'avait pas disparu en Méditerranée, mais que son appareil s'était crashé dans les Alpes.

Et puis encore tout récemment les souvenirs de Horst Rippert. Mais l'ancien pilote de la Luftwaffe est fort âgé… La famille doit le rencontrer prochainement afin de se faire une opinion à propos de ce témoignage, bien tardif lui aussi.

Chaque fois, ces « révélations » relancent l'intérêt aussi bien des spécialistes que du grand public.

*

La mort du pilote-écrivain fut-elle donc due à un mitraillage allemand ? Ou s'est-il crashé tout seul, à cause d'une énième panne technique, ou bien d'un malaise : on sait que sa santé n'était pas bonne depuis des mois. Certains émirent même l'hypothèse du suicide d'un Saint-Exupéry diminué physiquement, miné par des soucis sentimentaux et désespéré par le monde qu'il voyait s'annoncer et où il ne se sentait plus à sa place. Thèse confortée par certains de ses derniers écrits, au ton franchement pessimiste. Les proches démentent, naturellement. Qui ont vécu durant soixante ans avec ce deuil impossible à faire.

Durant des décennies, des équipes, plus ou moins bien renseignées, se sont attelées à rechercher l'épave du fameux Lightning. Longtemps au large de Nice. Et puis, en 1998, survient la trouvaille miraculeuse, par le patron-pêcheur de Cassis Jean-Claude Bianco, à Sormiou, non loin de Marseille, d'une gourmette en argent, devenue fameuse depuis. Cadeau de Consuelo à son époux afin qu'il ne se perde pas dans les rues de la Grosse Pomme, elle porte l'inscription : ANTOINE DE SAINT-EXUPÉRY (CONSUELO) c/o REYNAL AND HITCHCOCK INC. 386 4TH AVE. N.Y. U.S.A.

La nouvelle fit l'effet d'une bombe. Et une lutte à rebondissements pour la possession du bijou a duré jusqu'en 2004. Après quoi, dûment authentifiée, récupérée par la famille, la gourmette (exactement : *le morceau de gourmette*) se trouve aujourd'hui au musée du Bourget. François d'Agay, très impliqué dans cette histoire, fait remarquer un point crucial, et irrattrapable : « Le drame, c'est que, lorsque l'apprenti du pêcheur Bianco a remonté la gourmette, elle se trouvait dans une concrétion, avec un morceau de tissu, semble-t-il, qu'ils n'ont pas conservé. Et peut-être y avait-il alentour d'autres objets intéressants que des scientifiques auraient pu étudier. » Raté.

L'histoire de la gourmette, en revanche, hypermédiatisée, a eu pour conséquence positive de relancer les recherches de l'épave, et de les réorienter plus près de Marseille. Pour aboutir à la campagne de fouilles décisive de 2003.

Est-on sûr alors que les restes du Lightning repêchés à Sormiou sont ceux de l'appareil de Saint-Exupéry ? Pas à cent pour cent, bien sûr. Un doute subsiste jusqu'à d'autres éventuelles découvertes d'importance. De même qu'on ne saura sans doute jamais toute la vérité sur la mort de l'écrivain, si ce n'est que, de célèbre qu'il était déjà, elle a fait de lui un héros de légende. Et qu'il a connu la fin qu'il aurait souhaitée, en pilote de guerre, aux commandes de son avion, lui qui, dans sa toute dernière lettre, datée du 30 juillet 1944 et adressée à son ami Pierre Dalloz, écrivait : « Si je suis descendu, je ne regretterai absolument rien. La termitière future m'épouvante. Et je hais leur vertu de robots. Moi, j'étais fait pour être jardinier[5]. » Comme un certain Petit Prince.

VIII

Notre campagne de fouilles s'achevait. Sur la mosaïque, les zones d'ombre avaient reculé. Les tesselles s'assemblaient les unes aux autres. Saint-Exupéry perdu, abîmé en mer, puis retrouvé, peut-être. Même s'il demeurait pour l'éternité SSF, Sans Sépulture Fixe.

Restait à ranger les outils, jusqu'à ce que des éléments nouveaux apparaissent un jour, suffisamment importants pour nous faire rouvrir le dossier. L'archéologie littéraire, on l'a vu, s'apparente parfois à une enquête judiciaire.

Et justement, c'est à ce moment-là que, grâce à une « source proche du dossier », j'eus connaissance d'une information incroyable. Un ultime miracle. Comment, après la guerre, il faillit y avoir procès entre la famille de Saint-Exupéry (sa mère Marie, sa sœur Simone) d'un côté, et Consuelo, sa veuve, accusée de faux en écriture en vue de s'approprier, outre la part d'héritage qui lui revenait légitimement, le droit moral sur l'œuvre de son défunt écrivain de mari. Juste après que le commandant de Saint-Exupéry avait été déclaré mort pour la France, que la patrie lui eut rendu un hommage solennel, eu égard à sa célébrité mondiale et à la légende naissante, une divulgation publique de l'affaire eût provoqué un énorme scandale. Inacceptable pour Marie, le chef de famille. Elle décida donc et mena une transaction, en 1947, laquelle aboutit à un *gentlewomen agreement*, en quelque sorte, renvoyant la veuve dans les cordes. Ce qui n'empêcha pas Consuelo de son vivant, puis son ayant droit après sa mort, de revenir à la charge, afin d'essayer de remettre en cause l'accord.

De tout cela, rien n'avait jamais filtré, y compris au sein de la famille. Ce sont, on le verra, des circonstances fortuites (en l'occurrence un litige avec la Paramount à propos d'une adaptation du *Petit Prince* au cinéma) qui ont amené cette histoire au grand jour.

Au-delà de l'anecdote, et passé le côté sordide de ce genre d'affaire, j'ai pu en tirer un certain nombre de déductions. D'abord, j'ai mieux compris l'animosité que manifeste l'ayant droit de Consuelo, José Martinez, à l'égard de la Succession Saint-Exupéry-d'Agay. Il me l'avait répété clairement lors de notre rencontre, il n'a jamais admis ne pas être codétenteur du droit moral sur l'œuvre de Saint-Exupéry. Ce qui l'oblige, s'il consent un jour à sortir de ses malles des textes, lettres ou dessins de l'auteur du *Petit Prince*, à demander l'autorisation de la famille avant de pouvoir les publier !

En attendant que les deux parties parviennent à s'asseoir autour d'une table et à se mettre d'accord, les papiers de Saint-Exupéry restent dispersés entre plusieurs gisements…

Ce faisant, j'ai compris pourquoi Consuelo n'avait jamais eu son mot à dire sur la destinée posthume de l'œuvre de l'écrivain.

Enfin, cela m'a conforté dans mon inclination à relativiser le rôle de Consuelo dans la vie et l'œuvre de Saint-Exupéry. Important, certes, mais pas majeur. Je pense qu'en définitive une Louise de Vilmorin ou une Nelly de Vogüé ont joué un rôle aussi déterminant dans son parcours, son travail. Contrairement à tel biographe, qui s'est lancé au secours de la veuve (sans orphelin heureusement), ou à tel autre, qui brode à n'en plus finir sur le couple merveilleusement romantique qu'auraient formé Tonio et Consuelo… Tout cela ne résiste pas à l'examen des faits, des dates et des témoignages.

Lorsque j'eus pris connaissance des pièces du dossier, un autre élément me revint en mémoire. Interviewant un jour, à propos de notre patrimoine littéraire, l'expert en autographes Frédéric Castaing, et lui ayant dit que je menais quelques recherches sur Saint-Exupéry, il avait eu l'obligeance de me communiquer le fac-similé d'un document inédit et exceptionnel : une lettre-contrat signée en juin 1943 entre Maximilian Becker, l'agent littéraire de Saint-Exupéry aux États-Unis, et Orson Welles en personne. Le maître de *Citizen Kane* acquérait une option afin d'adapter à l'écran *Le Petit Prince*. L'affaire capota, hélas, comme avait capoté le *Terre des hommes* de Jean Renoir. À cause de Walt Disney, cette fois-ci. Mais Consuelo avait failli vendre à la Paramount des droits déjà cédés par son mari de son vivant !

Cette ultime tesselle, que j'avais conservée comme une curiosité sans trop savoir quoi en faire sur le moment (si ce n'est rapporter l'histoire à la Succession, à qui Frédéric Castaing communiqua également une copie de la lettre-contrat), trouvait ainsi toute sa place dans un coin de la mosaïque.

Une succession rocambolesque

C'est un secret majeur, qui dormait depuis plus de soixante ans dans la famille de Saint-Exupéry, et que ceux d'entre elle qui gèrent aujourd'hui son héritage n'ont découvert que tout récemment, et par hasard.

La Succession Saint-Exupéry-d'Agay, détenteur du droit moral sur l'œuvre de l'écrivain, ayant en projet de céder les droits du *Petit Prince* afin que soit réalisé un film d'animation à partir du livre, a en effet reçu il y a quelques mois un courrier comminatoire de la Paramount. Aux termes duquel la major américaine serait propriétaire exclusif des droits d'adaptation cinématographique du *Petit Prince*, droits acquis en 1946 auprès de Consuelo de Saint-Exupéry, veuve de l'écrivain et « administratrice de sa succession », selon un jugement du tribunal de New York.

La Paramount a d'ailleurs déjà produit, en 1974, *The Little Prince*, une version musicale réalisée par Stanley Donen, avec Richard Kiley dans le rôle du pilote, Steven Warner dans celui du Petit Prince, et Gene Wilder dans celui du renard, qui n'est sans doute pas ce que l'auteur du cultissime *Singin' in the Rain* a fait de mieux dans sa carrière. Un film que l'on peut oublier. Mais la major se réserve la possibilité, un jour, de produire d'autres adaptations. Et pas question pour elle de tolérer des projets concurrents.

De son côté, la famille excipe de son droit moral et patrimonial, et dénie à Consuelo tout pouvoir d'avoir mené cette négociation, accusant la veuve de faux en écriture afin de se voir reconnaître comme l'héritière de son illustre mari. Il y aura probablement procès entre la succession et la Paramount, épilogue d'un imbroglio vieux de soixante-cinq ans.

Lors de sa disparition, le 31 juillet 1944, Antoine de Saint-Exupéry ne laissait pas de testament. Le commandant Gavoille, chef du Groupe 2/33 auquel le pilote-écrivain avait réussi à se faire affecter dès novembre 1939 et qu'il avait fini par rejoindre à Alger en mai 1943, témoigne ainsi de ses dernières volontés : « Le Commandant de Saint-Exupéry [...] ne nous parlait guère de questions personnelles et observait à cet égard une grande réserve. [...]

« Nous savions quel prix il attachait à son travail littéraire, bien qu'il nous en parlât peu et nous connaissions bien entendu la valise à chiffre dans laquelle il enfermait son travail en cours. Ce n'est que lorsque nous fûmes à la base de Borgo (Bastia) en Corse, que Saint-Exupéry me parla de cette valise. Il me dit alors qu'elle renfermait ses dernières œuvres et que, s'il venait à disparaître, je devrais la porter à Alger, chez le docteur Pélissier, à qui il m'avait présenté dès 1940, et qui avait des instructions de la remettre à une de ses amies, Madame de V. [alias Nelly de Voguë, l'amie très proche de Saint-Exupéry et de sa famille, que nous avons déjà rencontrée à plusieurs reprises au cours de notre enquête]. Je connaissais également cette personne, qui était souvent venue nous voir au Groupe pendant la campagne 39-40.

« Le Commandant de Saint Exupéry m'exprima ce désir durant les tout derniers jours qui précédèrent sa disparition...

« Quand, le 31 juillet 1944, nous ne le vîmes pas revenir, nous ne crûmes cependant pas à sa disparition définitive. Le débarquement Sud était imminent et le déplacement de mon escadrille étant envisagé, j'avais fait porter par le capitaine Corre les affaires du Commandant de Saint-Exupéry, notamment la valise à chiffre contenant les manuscrits, à Alger, chez le docteur Pélissier [1]. »

Le Dr Pélissier était un ami de Saint-Exupéry, qui logea chez lui à Alger, 17, rue Denfert-Rochereau, de mai 1943 jusqu'en février 1944, date de son départ pour la Sardaigne. Il l'a même hébergé pour la dernière fois le 25 juillet 1944, soit quelques jours avant sa mort.

« Son désir nettement exprimé, témoigne Pélissier, était que la valise des manuscrits fût remise à Nelly de Vogüé, à l'intention de Gallimard. Je possède le texte autographe d'Antoine qui établit ce fait. Il est écrit au dos d'un ordre de mission du 7 mai 1944. [...] Ces quelques lignes sont l'ébauche, malheureusement incomplète, d'un testament[2]. » Non datées et non signées, ces lignes constituent cependant « une preuve irréfutable pour épauler mon témoignage, poursuit le docteur, qui, celui-là, est absolument catégorique : la valise en fibre, au chiffre 240, et renfermant les manuscrits, ne devait pas revenir à Consuelo[3] ». Mais, via Nelly, à ses héritiers, à savoir la comtesse Marie de Saint-Exupéry, sa mère, et Simone de Saint-Exupéry et Gabrielle d'Agay, ses sœurs, après la libération de la France.

Un double inventaire minutieux des biens de Saint-Exupéry est alors établi, dont les copies figurent dans le dossier. De ses effets laissés chez le Dr Pélissier à Alger[4] : une malle-armoire contenant surtout des vêtements et de menus objets personnels (chapelet, rasoir électrique, boîte de suppositoires...), mais aussi des « lettres intimes et photographies » ; un sac militaire plein de ses vêtements *made in US* (le groupe 2/33 était, rappelons-le, placé sous commandement américain) ; une petite malle « C. de St. E. », renfermant elle aussi des vêtements et du linge, ainsi que des revues et des livres (surtout des études d'actualités, sur le Japon ou l'Allemagne nazie, une biographie de Mussolini et un exemplaire du *Mein Kampf* de Hitler), des photographies et « quatorze pages manuscrites » ; enfin, une « valise en cuir acajou » contenant un manteau, deux paires de chaussures « avec embauchoirs », de nombreux objets et des livres, sur Hitler et la guerre encore (avec là aussi un exemplaire de *Mein Kampf*), mais également des romans, comme *Sainte-Unefois*, premier livre de sa chère Louise de Vilmorin, et un exemplaire de son propre *Petit Prince*, dans son édition originale en français. Certaines de ces valises avaient été réexpédiées depuis New York par Consuelo, après le départ définitif d'Antoine, le 20 avril 1943.

Quant à ce que le capitaine Corre remet au Dr Pélissier, il s'agit d'« une grande valise en cuir fauve avec chiffre ASE » remplie de vêtements ; d'« une petite valise en cuir fauve » renfermant des objets, des lettres, des photographies et quatre manuscrits dactylographiés d'« auteur inconnu » ; et surtout, surtout, de cette « valise en fibre rayée serrure à chiffre » n° 240, avec des lettres, des carnets de cuir rouge, des feuillets manuscrits, et « cinq reliures noires contenant une œuvre dactylographiée ». C'est le tapuscrit de *Citadelle*, à quoi Saint-Exupéry travaillait, plus ou moins régulièrement, depuis 1936.

Dès le 16 novembre 1944, Consuelo, depuis les États-Unis, fait écrire par son avocat américain au Dr Pélissier pour lui demander s'il est en possession d'un testament de son « Tonio ». Le 12 octobre 1945, le commandant Antoine de Saint-Exupéry a été déclaré « mort pour la France ».

Entre-temps, la fameuse valise, elle, a été rapatriée à Paris. Elle est inventoriée en 1946 par deux experts mandatés par la Librairie Gallimard, « avec laquelle Saint-Exupéry avait un contrat d'exclusivité[5] ». Lesquels y trouvent « six cahiers dont les cinq premiers forment un ouvrage en cinq volumes ». En l'absence de testament, l'œuvre posthume d'un écrivain revient à ses seuls héritiers (selon la loi du 14 juillet 1866 et le décret du 1er germinal an XIII). Ce que conteste Consuelo. Des négociations s'engagent donc, dès décembre 1946 et via leurs avocats respectifs, entre Marie et Simone de Saint-Exupéry, d'une part, et la veuve, d'autre part. Un partage moitié-moitié sur « le produit de l'œuvre du vivant et de l'œuvre posthume » est envisagé. Mais *quid* du droit moral ? Et, de toute façon, Consuelo fait de la surenchère : « Les prétentions de Madame Consuelo de St Exupéry augmentent au fur et à mesure que nous faisons mine de faire la moindre concession, écrit en mars 1947 à ses clientes Me Paul Villard, qui ajoute : Je crois qu'il nous sera impossible d'éviter d'aller en référé et de plaider ensuite la question de la dévolution de la succession d'Antoine de Saint-Exupéry [6]. » Et, en effet, dans cette perspective, Simone de Saint-Exupéry prépare un projet de plainte contre Consuelo. Laquelle prétend tenir en sa possession, dans son coffre new-yorkais, deux preuves que « son mari la laissait comme unique héritière de son œuvre » : une lettre d'amour manuscrite d'Antoine à elle adressée un 30 mars d'une année non spécifiée et une lettre tapée à la machine, non datée, adressée à sa « Chère Nada ». Chacune léguant toute l'œuvre de Saint-Exupéry à sa femme.

Les pièces ayant été communiquées à Me Villard, il est aisément démontré par la famille que Nada était le prénom de Mme de Bragance, la femme d'un prince brésilien avec qui Saint-Exupéry s'était lié en 1942 et morte en 1946. Donc rien à voir avec Consuelo. D'autre part, il apparaît que le texte dactylographié est un pastiche de la lettre manuscrite.

Consuelo produit alors deux autres pièces, deux « testaments olographes » datés des 1er janvier et 29 juin 1944.

Le premier testament se révèle être un « collage » [7] : prenant une vraie lettre de son mari, non datée comme à son habitude, de dix-neuf lignes manuscrites, Consuelo y aurait ajouté six lignes de son cru et de sa main :

« *Consuelo mon épouse : Si je meurs loin de vous je vous laisse mon œuvre. Vous êtes mon seul héritier.*
« *Votre mari.*
« *Antoine de SAINT EXUPÉRY*
« *I janvier 44* »

La comparaison des écritures et un problème de chronologie (dans sa lettre, Saint-Ex parle de son Lightning, alors qu'en janvier 1944 il était à Alger, malade, déprimé et « en réserve » parce qu'il n'avait plus le droit de voler) suffisent « à établir la preuve du faux ».

Le second se présente comme un dessin tiré du *Petit Prince*, ainsi légendé :

« *29 / 6 / 44*
« *Où est ma Consuelo ? Ma femme mon amour. Si je suis tué Consuelo chérie je vous laisse mon œuvre, vous êtes mon seul héritier*
« *Votre mari*
« *Antoine de SAINT EXUPÉRY*
« *Soignez vous, gardez vous, protégez vous pour moi* »

À l'examen des spécialistes, il apparaît que le dessin ne correspond « à aucun des dessins de

Saint-Exupéry », que l'imitateur semble avoir esquissé son dessin au crayon avant de le reprendre à la plume, ce que l'auteur ne faisait jamais.

Quant à la date, Simone allègue que, ce jour-là, Saint-Ex était de passage entre Tunis (pour un baptême) et Alger, et qu'il n'aurait eu le temps d'écrire ni d'envoyer aucune lettre : il semble qu'elle confonde les mois de juin et de juillet 1944 ! Peu importe. La démonstration paraît suffisamment probante par elle-même.

C'est alors que Marie de Saint-Exupéry, que ceux qui l'ont connue, ainsi François Moreau de Balasy, décrivent comme « une femme très impressionnante », intervient en tant que chef de famille. Elle ne veut en aucun cas d'un procès, d'un scandale, d'un déballage de linge sale qui ternirait, si peu de temps après sa mort, la mémoire de son fils, ce héros tombé pour la patrie. Il y aura donc négociation entre les deux parties, et un accord est trouvé et signé, le 29 mai 1947. Les droits d'auteur et dérivés générés par l'œuvre de Saint-Exupéry seront partagés à parts égales entre Consuelo et la famille : Marie d'abord, puis ses enfants, puis leurs enfants, etc. À l'exception des droits aux États-Unis, qui restent dévolus à Consuelo. En revanche, elle n'aura *aucun droit moral* sur l'œuvre de son époux. Sur ce point capital, Marie ni ses descendants n'ont jamais transigé.

Contrainte d'accepter une transaction à l'amiable sous peine de voir révéler ses tentatives de fraude passibles de la prison, et cette acceptation constituant la preuve de sa culpabilité, sinon elle serait sans aucun doute allée jusqu'au procès, Consuelo reviendra néanmoins plusieurs fois à la charge pour réclamer des avantages supplémentaires. Mais Marie qui, d'après son petit-fils François d'Agay, « aimait bien et a toujours défendu Consuelo », en particulier contre Simone qui, elle, ne l'aimait guère, a tenu bon. Jusqu'à sa mort, en 1972, à quatre-vingt-dix-sept ans.

Dès le décès de Marie, Consuelo se lance dans une nouvelle tentative pour faire accroître sa part de l'héritage, s'estimant lésée par l'accord de 1947. Elle avoue avoir été victime, à l'époque, d'une « dépression » et avoir commis des « imprudences »[8]...

Mais elle trouve cette fois en face d'elle Simone, dont l'avocat, le même depuis 1947, dispose de toutes les preuves pour ramener la veuve gourmande à résipiscence. Ainsi, le 20 septembre 1972, Me Villard écrit-il à sa cliente : « Consuelo ayant fait un faux pour essayer de s'approprier la totalité de la succession de son mari, avait donc bien commis le recel qui la privait de tous droits sur cette succession, et la moitié des droits qui lui a été allouée était donc une générosité qu'elle semble, *a posteriori*, avoir mal appréciée[9]. »

Consuelo est morte à son tour en 1979, à Grasse. Après sa disparition, son ayant droit a intenté lui aussi plusieurs actions en justice afin de remettre en cause le fameux accord du 29 mai 1947. En vain.

Les conséquences de ce feuilleton rocambolesque sont loin d'être anecdotiques : ainsi s'explique la dispersion des papiers, manuscrits, dessins, correspondances de Saint-Exupéry, entre ses héritiers de sang, l'ayant droit de Consuelo, les héritiers de ses amis, et Nelly de Vogüé, laquelle a déposé ses archives à la BNF, assorties d'un embargo de cinquante ans. C'est elle, en revanche, qui a reconstitué avec une grande abnégation et édité *Citadelle*, paru chez Gallimard en 1948, mais qui n'est sans doute pas le livre dans l'état où Saint-Exupéry l'aurait lui-même publié.

D'une certaine façon, soixante-cinq ans après sa mort, la succession matérielle de l'auteur du *Petit Prince* n'est pas encore réglée, puisque la puissante Paramount est en train d'essayer d'empêcher un petit bonhomme blond de s'amuser à faire du cinéma ! Il est vrai que tous les businessmen de notre triste planète ne comptent pas que les étoiles...

*

Quant à l'ultime ironie de cette histoire, c'est que, sans le savoir sans doute, Consuelo a failli commettre un deuxième délit : outre la captation frauduleuse d'héritage, elle a vendu quelque chose qui aurait pu l'être déjà ! En effet, il existe, retrouvée dans ses archives et datée du 16 juin 1943 [10], c'est-à-dire deux mois et demi à peine après la publication du *Petit Prince* en volume, une lettre-contrat cédant une option exclusive pour les droits d'adaptation cinématographiques et radiophoniques du livre à l'immense Orson Welles.

Le document est signé par Maximilian Becker « *for Antoine de Saint-Exupery* », dont il était l'agent littéraire officiel pour les États-Unis. Il lui avait été présenté par son ami le poète Jean Prévost, et représentait déjà les intérêts de Simenon.

Saint-Exupéry, lui, était reparti pour la guerre. Mais il était forcément au courant du projet et il lui avait donné son agrément, manifestant ainsi à nouveau son intérêt pour ce qu'on n'appelait pas alors l'audiovisuel et conscient que *Le Petit Prince* pourrait se prêter à l'exercice. Plus prosaïquement, on sait que l'écrivain avait perpétuellement besoin d'argent, et les douze mille cinq cents dollars de rémunération prévus au contrat étaient bons à prendre. L'option, elle, était payée mille deux cent cinquante dollars en à-valoir, et pour une durée de soixante jours. Dans l'esprit visionnaire de Welles, qui avait déjà adapté pour la radio américaine des extraits de *Vol de nuit* et de *Terre des hommes*, le cinéma traditionnel devait se combiner ici au dessin animé, d'où recours au pape du genre, Walt Disney. Mais Disney finit par refuser de collaborer au projet, et le film tomba à l'eau. Tout le monde y a perdu.

Quant au Petit Prince, lui, il attend toujours de devenir un héros de dessin animé...

En guise d'épilogue (provisoire)

Mort brutalement à quarante-quatre ans, Antoine de Saint-Exupéry laissait derrière lui une œuvre incomplète, forcément. Ainsi auraient pu s'intituler ses deux volumes dans la Pléiade, *Œuvres incomplètes*.

Soit cinq livres aboutis et publiés : *Courrier Sud*, *Vol de nuit*, *Terre des hommes*, *Pilote de guerre*, *Le Petit Prince* ; un vaste chantier, *Citadelle* ; quelques ébauches de jeunesse, écrits de circonstance, et une masse de projets, carnets, lettres, textes épars…

Contrairement à tant d'autres, Saint-Exupéry n'est pas un écrivain *fini*, clos sur lui-même et son petit monde. Sa disparition a laissé ouvert un vaste champ des possibles : eût-il vécu, qu'aurait-il fait et qu'aurait-il donc écrit ? Les deux étant, chez lui particulièrement – il l'a souvent répété –, indissolublement liés. Si sa santé puis l'âge l'avaient contraint à renoncer au pilotage, vers quel(s) domaine(s) se seraient orientés ses livres ? Ce ne sont pas, on l'a vu, les centres d'intérêt qui manquaient à Saint-Ex. Mais aucun qui concurrença jamais l'aviation. Peut-être, comme ces sportifs de haut niveau qui, la retraite venue, se reconvertissent en entraîneurs, aurait-il pu s'associer avec un fabricant d'avions, lui apportant son expérience, sa notoriété, ses brevets... Pures spéculations, certes.

Mais le côté inachevé du destin et, partant, de l'œuvre de Saint-Exupéry stimule l'imagination. Ses livres invitent au voyage, au partage, à la découverte d'un monde qu'il a passionnément aimé. Et qui n'était pas celui qu'on nomme « civilisé » ou « moderne ». La lecture du *Petit Prince*, ou de *Citadelle*, incite le lecteur à se questionner et réveille le meilleur en chacun d'entre nous : l'inquiétude, voire l'indignation. Derrière les apparences, il y a, chez cet homme, du rebelle.

Travailler sur Saint-Exupéry a quelque chose d'exaltant : on sait que chaque étude, chaque livre ne constitue qu'une étape provisoire. Qu'il y a encore tant de découvertes à faire, de pistes à explorer, d'histoires à raconter.

Par exemple, sur ses relations avec ses confrères, ces messieurs de la *NRF*, Gide, Paulhan, Malraux, Camus, et l'intelligentsia littéraire de son temps...

Ou encore sur cet épisode fabuleux : Malraux raconte qu'en 1933 Saint-Ex, après Mermoz, avait décliné la proposition d'être son pilote dans son expédition au-dessus du désert d'Arabie « à la découverte de la capitale mystérieuse de la reine de Saba » ! L'aventure a quand même eu lieu début 1934, c'est l'ami Corniglion-Molinier (plus un mécanicien) qui s'était mis aux commandes et l'a partagée. Ce qui nous a valu une série de reportages épatants dans *L'Intransigeant*[1]. Il n'y a pas de hasard : c'est ce même quotidien qui enverra deux ans plus tard Saint-Exupéry en reportage dans l'Espagne en guerre, où Malraux, avec ses avions, combattait aux côtés des républicains.

Qu'on imagine un instant que Saint-Exupéry ait accepté le job proposé par l'auteur de *La Voie royale* et de *La Condition humaine*. Et qu'il n'ait pas planté l'aéronef, un Gnome et Rhône K-7 300 CV. Ou même qu'il l'ait planté, en plein milieu du désert. Le Petit Prince aurait alors rencontré deux farfelus au lieu d'un, et serait peut-être né plus tôt...

À force de le relire, de recueillir des témoignages, de chercher des documents nouveaux, d'essayer de le cerner, y compris par le petit bout de nombreuses lorgnettes, notre connaissance de Saint-Exupéry a beaucoup progressé depuis quelques années. Les travaux des chercheurs étant encouragés par des découvertes d'inédits majeurs (récemment *Manon, danseuse*, par exemple, ou *Lettres à l'inconnue*), et par l'intérêt du grand public pour l'homme et son œuvre, qui ne se dément pas, bien au contraire. « Saint-Exupéry, explique ainsi Olivier d'Agay, directeur de la Succession Saint-Exupéry-d'Agay, est présent dans plus de vingt-cinq pays par le biais d'associations, d'hôpitaux, d'écoles, d'entreprises ou d'ONG. [...] *Le Petit Prince* est devenu une icône du développement durable, choisi par l'ONU comme ambassadeur virtuel pour l'enfance et l'écologie[2]. » Une Fondation Antoine de Saint-Exupéry pour la jeunesse vient d'être lancée sous l'égide de la Fondation de France... Il n'existe pas, dans la littérature moderne, d'autre héros aussi illustre et aussi universel que le petit bonhomme blond à l'écharpe.

Il ne reste plus, que l'on sache, d'inédit d'importance de Saint-Exupéry à trouver. En revanche, quelques fonds d'archives, pour l'instant inaccessibles, livreront un jour, on l'espère ardemment, leurs trésors : manuscrits, dessins, correspondances... On pense, bien sûr, à ce qui reste des archives de Consuelo en possession de son ayant droit, ou encore au fonds Nelly de Vogüé, déposé à la BNF et sous embargo. Plus ce qui dort dans des greniers ou des bibliothèques privés. Qui sait si de nouvelles découvertes ne viendront pas remettre en question une date, corriger notre interprétation d'un fait, du rôle d'un personnage dans la vie de Saint-Exupéry, voire élucider un jour les circonstances de sa mort...

Soixante-cinq ans après, le dossier Saint-Exupéry reste ouvert. Et sa mémoire nomade. Ainsi, on a appris tout récemment[3] que c'est finalement à Marseille, la ville au large de laquelle l'aviateur s'est abîmé, que sera prochainement créé un Mémorial Saint-Exupéry. Et qu'après des décennies d'un invraisemblable imbroglio financier et politique, la maison d'enfance de la famille Saint-Exupéry, à Saint-Maurice-de-Rémens, dans l'Ain, devrait enfin devenir un musée consacré à l'écrivain. Il en a un au Japon, il paraît juste qu'il en ait un dans son pays, cette France qu'il a passionnément aimée et pour laquelle il est mort…

« Quand tu écris à l'homme tu charges un navire, dit Saint-Exupéry dans *Citadelle*. Mais bien peu de navires parviennent. Ils sombrent en mer. Il est peu de phrases qui continuent leur retentissement à travers l'histoire[4]. » Les siennes, si, depuis le fond des mers, le désert, les nuées ou les étoiles.

Paris-Cabris-Agay-Londres-Juignettes
2007-2009

Notes

Préambule

1. Stacy de La Bruyère, *Saint-Exupéry, une vie à contre-courant*, Albin Michel, 1994.

2. La formule est de François Moreau de Balasy, un « proche du dossier » que l'on retrouvera au chapitre VII, « À la recherche de l'aviateur perdu ».

3. Il a, entre autres, collaboré au tome I des *Œuvres complètes* de Saint-Exupéry paru dans la « Bibliothèque de la Pléiade » en 1994, et codirigé l'*Album Saint-Exupéry* publié simultanément dans la même collection.

I. Un poète saturnien

1. Montrés pour la première fois dans le recueil Antoine de Saint-Exupéry, *Dessins, aquarelles, pastels, plumes et crayons*, Gallimard, 2006. © Éditions Gallimard.

2. Gallimard, « Bibliothèque de la Pléiade », 1994. © Éditions Gallimard. Les références des citations extraites des

tomes I et II des *Œuvres complètes* sont abrégées ci-après par Pléiade, I et Pléiade, II.

3. *La Vôge*, revue annuelle de l'Association pour l'histoire et le patrimoine sous-vosgiens (AHPSV), numéro du printemps 2006.

4. Propos rapportés par Yves Grisez dans *La Vôge*, *op. cit.*

5. Pléiade, I.

6. *Ibid.*

7. Texte conservé dans la famille, aimablement communiqué par Yves Grisez.

8. L'écriture de Saint-Exupéry étant, au fil du temps, de plus en plus ardue à déchiffrer, comme s'il écrivait toujours dans l'urgence, les éditeurs n'ont pu lire ces mots.

9. Texte inédit, Succession Saint-Exupéry-d'Agay.

10. Article d'Yves Grisez dans *La Vôge, op. cit.*

11. Confidences de Jean Grisez à son fils.

12. Manuscrit déposé aux Archives nationales, fonds Simone de Saint-Exupéry, texte publié dans Pléiade, I.

13. *Idem.*

14. Troisième femme et seconde épouse d'André Malraux, la pianiste Madeleine Malraux a copréfacé *L'Univers farfelu d'André Malraux*, un recueil de ses dessins, paru aux Éditions du Chêne en septembre 2009.

15. André Malraux, *Lunes de papier*, Éditions de la Galerie Simon, 1921, illustré de gravures sur bois de Fernand Léger. *Royaume farfelu* a été publié en 1928 chez Gallimard, en tirage limité à cinq cent soixante-douze exemplaires.

16. Pléiade, I.

17. Joseph Kessel, de l'Académie française, *Saint-Ex*, Éditions Dynamo, Pierre Aelberts éditeur, collection « Brimborions », n° 137, 1965.

II. Un homme à femmes

1. Six lettres d'Antoine de Saint-Exupéry à Louise de Vilmorin figurent dans *Autour de* Courrier Sud *et de* Vol de nuit, Gallimard, 2007. © Éditions Gallimard.

2. Conversation avec l'auteur. Odette de Sinety (1897-1987) a raconté son amitié de jeunesse avec Saint-Exupéry dans une interview publiée dans *Le Maine libre* du 29 juillet 1982, « Quand Saint-Exupéry jouait au Petit Prince dans la Sarthe ».

3. *Mort du cygne* et trois autres dessins sont reproduits dans *Dessins, aquarelles, pastels, plumes et dessins*, *op. cit.*

4. Lettre inédite, fonds Simone de Saint-Exupéry aux Archives nationales, Paris.

5. *Idem.*

6. Lettre publiée dans *Autour de* Courrier Sud *et de* Vol de nuit, *op. cit.*

7. *Idem.*

8. *Manon, danseuse* a été publié fin 2007, dans un ensemble de quatre petits volumes d'inédits, chez Gallimard.

9. *Lettres à sa mère (1908-1944)*, Gallimard, 1955. © Éditions Gallimard.

10. Lettres à Yvonne de Lestrange, Pléiade, II.

11. *Ibid.*

12. Publié dans ses textes de jeunesse, Pléiade, I.

13. *Manon, danseuse*, suivi de *L'Aviateur*, Gallimard, 2007. © Éditions Gallimard.

14. *Lettres intimes*, Pléiade, II.

15. *Sept lettres à Natalie Paley*, Gallimard, 2007. © Éditions Gallimard.

16. Mises en vente chez Sotheby's en 2007, les *Lettres à l'inconnue*, qui étaient demeurées dans sa famille, ont été acquises par Gérard Lhéritier pour le Musée des Lettres et Manuscrits, où elles sont toujours conservées. L'identité de

l'Inconnue n'a pas été révélée. Le texte des lettres a été publié, reproduit en fac-similé, en août 2008 chez Gallimard.

III. Rendez-vous manqués avec le cinéma

1. Rassemblées à la fin de Pléiade, II.
2. Devenue l'épouse de Tyrone Power, l'actrice s'installera à Hollywood où Saint-Exupéry ira lui rendre visite durant son exil américain.
3. Inédits ou publiés dans Pléiade, II, les manuscrits appartiennent à la Succession Saint-Exupéry-d'Agay.
4. Publié dans l'*Anthologie du cinéma invisible*, de Christian Janicot, Jean-Michel Place, 1995.
5. Lettre de Jean Renoir à Antoine de Saint-Exupéry, publiée dans *Saint-Ex raconte* Terre des hommes *à Jean Renoir*, Gallimard, 1999. © Éditions Gallimard.
6. Dans son Avant-propos à la publication de la transcription des disques, suivie de la correspondance échangée entre les différents protagonistes du dossier, dans *Saint-Ex raconte* Terre des hommes *à Jean Renoir*, *op. cit.*
7. *Saint-Ex raconte* Terre des hommes *à Jean Renoir*, *op. cit.*
8. *Ibid.*

IV. Les secrets du *Petit Prince*

1. Voir l'album *Dessins, aquarelles, pastels, plumes et crayons*, *op. cit.*
2. Témoignage rapporté par Alban Cerisier dans *Il était une fois...* Le Petit Prince, Gallimard, « Folio », 2006. Il est issu du catalogue Mame, *Angers-Paris-Tours. Deux siècles du livre*, édité par l'Institut de l'édition contemporaine/Association Hôtel Mame centre culturel en 1989.

3. Cette série a été publiée dans *Dessins, aquarelles, pastels, plumes et crayons*, *op. cit.*, mais les autres dessins sont inédits.

4. Chiffres à l'été 2009.

V. « Complot gaulliste » à Montréal ?

1. Préface de Saint-Exupéry à Helen Mackay, *La France que j'aime*, Éditions Variétés, 1942.

2. Pléiade, II.

3. *Ibid.*

4. *Ibid.*

5. Parue en février 1944 à Alger dans le premier numéro de *L'Arche*, revue fondée par le critique Jean Amrouche, proche de Gide.

6. *Lettres à André Breton*, Pléiade, II.

7. *Ibid.*

8. Entretien avec l'auteur à Agay, printemps 2009.

9. Peut-être la correspondance entre Saint-John Perse et Henri Hoppenot, annoncée chez Gallimard à la fin de l'année 2009, permettra-t-elle d'en apprendre plus.

10. Pléiade, II.

11. *Ibid.*

12. Dans un article aussi fondamental que peu connu, paru dans *Le Figaro* du 1er février 1945. Puis repris dans *Saint-Exupéry*, plaquette publiée aux Éditions Dynamo à Liège et tirée à cinquante et un exemplaires. Il figure dans André Gide, *Journal 1939-1949 et Souvenirs*, Gallimard, « Bibliothèque de la Pléiade », 1954. © Éditions Gallimard.

13. André Gide, *Journal 1939-1949 et Souvenirs*, *op. cit.* L'achevé d'imprimer, qui porte la date de janvier 1951, fait de ce texte, Gide étant mort le 19 février de la même année, le dernier livre de lui paru de son vivant.

14. *Ibid.*

15. Renseignement fourni par l'Institut Charles de Gaulle.
16. Dans la passionnante revue *Icare*, n° 65.

VI. Un touche-à-tout de génie

1. Inédit, archives de la Succession Saint-Exupéry-d'Agay.
2. *Idem.*
3. *Idem.*
4. *Idem.*
5. *Idem.*
6. André Gide, *Journal 1939-1949 et Souvenirs*, *op. cit.*
7. Gallimard, 1953.
8. Publiée dans *La Lettre de la Pléiade*, bulletin hors commerce pour les libraires et les aficionados de la fameuse collection de chez Gallimard, n° 24, avril-mai 2006. © Succession Albert Camus (Catherine et Jean Camus). Reproduction interdite.
9. *Ibid.*
10. *Ibid.*
11. Archives Succession Saint-Exupéry-d'Agay.
12. André Gide, *Journal 1939-1949 et Souvenirs*, *op. cit.*
13. *Le Journal de la prestidigitation*, n° 165, mars-avril 1952.
14. Témoignage rapporté dans *Le Journal de la prestidigitation*, *op. cit.*
15. Archives Succession Saint-Exupéry-d'Agay.
16. Publié en 1957 par le petit éditeur belge P. Aelberts aux Éditions Dynamo de Liège, dans sa collection « Brimborions », plaquette confidentielle (tirage de cinquante exemplaires en l'occurrence), comme plusieurs autres courts textes de et sur Saint-Exupéry.
17. *Le Journal de la prestidigitation*, *op. cit.*
18. « Le carnet de Casablanca, 1921 », *in Dessins, aquarelles, pastels, plumes et crayons*, *op. cit.*

19. Dessins reproduits dans *Dessins, aquarelles, pastels, plumes et crayons*, *op. cit.*

VII. À la recherche de l'aviateur perdu

1. Antoine de Saint-Exupéry, *Le Petit Prince*, Pléiade, II.
2. Propos rappelés par plusieurs membres de la famille d'Agay, lors d'entretiens avec l'auteur.
3. Vêtements, objets et papiers, dont neuf cent quinze pages dactylographiées de *Citadelle*.
4. Stacy de La Bruyère, *Saint-Exupéry, une vie à contre-courant*, *op. cit.*
5. Pléiade, II.

VIII. Une succession rocambolesque

1. Lettre à Marie de Saint-Exupéry, datée du 15 mars 1947. Toutes les pièces citées dans ce chapitre, lettres, témoignages, documents, rapports d'expertise, proviennent du dossier que Marie et Simone de Saint-Exupéry avaient constitué en vue du procès contre Consuelo, puis des suites que Simone a données pour contrecarrer ses tentatives ultérieures de contester l'accord amiable du 29 mai 1947.
2. Lettre à Marie de Saint-Exupéry, datée d'Alger, 27 février 1947.
3. *Ibid.*
4. Dans sa biographie *Saint-Exupéry, une vie à contre-courant*, *op. cit.*, Stacy de La Bruyère raconte que le Dr Pélissier avait tenté de conserver par-devers lui certains manuscrits de Saint-Exupéry ! C'est le ministère de l'Air, alerté par Nelly de Vogüé, qui les récupéra finalement en janvier 1945, mais au terme d'un procès...

5. Projet de plainte rédigé par Simone de Saint-Exupéry, destiné à être déposé auprès du doyen des juges d'instruction du parquet de la Seine.

6. Lettre à Simone de Saint-Exupéry, datée du 19 mars 1947.

7. Faits reconstitués dans les rapports d'experts joints au dossier.

8. Version des faits de Consuelo racontée à son avocat Me Funck-Brentano, communiquée par celui-ci à son confrère et adversaire Me Villard, et citée dans une lettre de ce dernier à Simone de Saint-Exupéry, datée du 7 septembre 1972.

9. Lettre à Simone de Saint-Exupéry, datée du 20 septembre 1972.

10. Provenant des archives d'Orson Welles, document aimablement communiqué par Frédéric Castaing, expert en manuscrits, lettres autographes et photos.

En guise d'épilogue (provisoire)

1. André Malraux, *La Reine de Saba, une « aventure géographique »*, Gallimard, Les cahiers de la *NRF*, 1993.

2. *Le Figaro*, 31 juillet 2009.

3. *Ibid.*

4. *Citadelle*, chapitre XXXVI, Pléiade, II.

Sources

Sauf ceux référencés en notes, les documents inédits rassemblés et cités au cours de cette enquête proviennent d'archives privées, notamment celles de l'Espace Saint-Exupéry, et celles de la Succession Saint-Exupéry-d'Agay.

En dépit de nos recherches, nous ne sommes pas parvenus à identifier les ayants droit de tous les textes cités. Que ceux-ci n'hésitent pas à entrer en contact avec nous.

Bibliographie sélective

D'Antoine de Saint-Exupéry

Œuvres complètes, Gallimard, « Bibliothèque de la Pléiade », tome I, 1994 et tome II, 1999.

Cher Jean Renoir, Gallimard, « Les cahiers de la *NRF* », 1999.

Dessins, aquarelles, pastels, plumes et crayons, Gallimard, 2006.

Autour de Courrier Sud *et de* Vol de nuit ; *Je suis allé voir mon avion ce soir, Le Pilote, On ne peut croire aux hommes* ; *Sept lettres à Natalie Paley* ; *Manon, danseuse*, suivi de *L'Aviateur*, Gallimard, 2007.

Lettres à l'inconnue, Gallimard, 2008.

Sur Antoine de Saint-Exupéry

Album Saint-Exupéry, Gallimard, « Bibliothèque de la Pléiade », 1994.

Stacy de La Bruyère, *Saint-Exupéry, une vie à contre-courant*, Albin Michel, 1994.
Simone de Saint-Exupéry, *Cinq enfants dans un parc*, Gallimard, « Les cahiers de la *NRF* », 2000.

Remerciements

Pour leurs conseils, leur aide, leurs témoignages, je tiens à exprimer ma gratitude à

François d'Agay
Jean d'Agay
Frédéric d'Agay
Olivier d'Agay (amitié et complicité)
L'Espace Saint-Exupéry
La Succession Saint-Exupéry-d'Agay
Delphine Lacroix

Henri Claudel
François Claudel
Marie-Sygne Claudel (alias Lady Northbourne)

Les éditions Gallimard
Alban Cerisier

Michel de Jaeghere, rédacteur en chef des hors-série du *Figaro*
Étienne de Montety, directeur du *Figaro littéraire*, Dominique Guiou, rédacteur en chef, et leur équipe
Le service des archives du *Figaro*
Patricia Lewin
Dominique Blanchecotte, Fondation La Poste
Frédéric Castaing
François Moreau de Balasy
Jean-Michel Place
Pierre Becker
Gérard Egnell
Madame la comtesse Fabienne Boüet-Willaumez
Jean-Claude Monnet
Yves Grisez
Olivier Germain-Thomas
Catherine Trouillet, revue *Espoir*, Institut Charles de Gaulle
Paul de Sinety
Marc Mahuzier
Patrice Guillier

Et, bien sûr, à Jean-Marc, Capucine, Mélanie, Solveig, et toute la *dream team* de chez Stock.

Table

Pour l'éditeur, le principe est d'utiliser des papiers composés de fibres naturelles, renouvelables, recyclables et fabriquées à partir de bois issus de forêts qui adoptent un système d'aménagement durable.

En outre, l'éditeur attend de ses fournisseurs de papier qu'ils s'inscrivent dans une démarche de certification environnementale reconnue.

Ce volume a été composé
par Facompo à Lisieux (Calvados)

Cet ouvrage a été imprimé en France par
CPI Bussière
à Saint-Amand-Montrond (Cher)
pour le compte des Éditions Stock
31, rue de Fleurus, 75006 Paris
en octobre 2009

N° d'édition : 01 – N° d'impression : 093048/4
Dépôt légal : novembre 2009
54-07-6146/2